Hepatite C

Natalia Mira de Assumpção Werutsky

Hepatite C

minha história de vida

M.Books

M.Books do Brasil Editora Ltda.

Rua Jorge Americano, 61 - Alto da Lapa
05083-130 - São Paulo - SP - Telefones: (11) 3645-0409/(11) 3645-0410
Fax: (11) 3832-0335 - e-mail: vendas@mbooks.com.br
www.mbooks.com.br

Dados de Catalogação na Publicação

Werutsky, Natalia Mira de Assumpção
Hepatite C – Minha História de Vida / Natalia Mira de Assumpção Werutsky
2006 – São Paulo – M. Books do Brasil Editora Ltda.

1. Medicina 2. Saúde 3. Nutrição

ISBN: 85-89384-93-4

EDITOR
MILTON MIRA DE ASSUMPÇÃO FILHO

Produção Editorial
Salete Del Guerra

Capa
Douglas Lucas

Coordenação Gráfica
Silas Camargo

Editoração
RevisArt Assessoria Editorial

2006

Dedico este livro ao meu esposo, Wueislly, aos meus pais, Milton e Ruth, à minha irmã, Isadora, e a toda a minha família e amigos. Eles têm sido meu braço forte, colunas na minha vida, companheiros com quem posso contar em todos os momentos. Amo vocês!

Agradecimentos

A Deus, por me conceder saúde e sabedoria para escrever este livro.

Ao meu esposo, Wueislly, aos meus pais, Milton e Ruth, à minha irmã, Isadora, e a todos os meus familiares, por estarem ao meu lado sempre, dando-me força e enchendo minha vida de alegria.

À Dra. Gilda, por acompanhar meu caso com tanto carinho e atenção, informando-me sobre a doença e sendo sincera em todos os momentos.

Ao Dr. Ismar Fontão Carril, pela sabedoria adquirida por meio da medicina, que fez com que ele desconfiasse da patologia.

Ao Dr. Fernando Mendes Tavares, por sua sensibilidade ao transmitir a notícia e por me apoiar sempre que necessário.

Ao amigo Carlos Varaldo, do Grupo Otimismo, por todas as informações que venho recebendo via *e-mail*, as quais esclarecem muito minhas dúvidas. Agradeço a ele por defender a nossa causa com tanto empenho e dedicação.

À Salete Del Guerra, pelo empenho e pela dedicação ao me ajudar a transformar o projeto deste livro em realidade.

Sumário

Prefácio

Em minhas palestras sempre afirmo que as pessoas, quando diagnosticadas como portadoras de hepatite C, doença crônica que pode comprometer a saúde, levam um susto tão grande, que acabam mudando radicalmente o seu modo de vida. Elas mudam sua forma de atuar e seus objetivos, aprendem com os desafios impostos pelos infortúnios e atingem uma qualidade de vida melhor, bem diferente daquela que tinham antes do diagnóstico. Confirmei mais uma vez essa teoria ao ler o livro da Natalia.

No momento do diagnóstico – de saber que se tem uma doença muito pouco conhecida e de pensar no estigma existente na sociedade, pela falta de divulgação –, pode parecer ilógico, mas a impressão que se tem é a de que o horizonte ficou negro, ou seja, de que não existe luz no fim do túnel. A sensação é a de que tudo desmoronou, de que não existe futuro, de que não será possível ver a família crescer. É como se o mundo tivesse acabado.

São muitos os motivos que justificam essa sensação – desde a falta de preparação dos médicos para diagnosticar a doença até a falta de preparo psicológico para transmitir o diagnóstico. Os acontecimentos que Natalia relata, a peregrinação pelos diversos consultórios e o choque ao receber o diagnóstico de uma doença que "não tem cura" constituem exatamente a via-crúcis pela qual passa a maioria dos pacientes.

A falta de ações de divulgação da hepatite C pelo Governo e a censura de toda e qualquer informação que possa levar a população a procurar a realização do teste de detecção – pelo medo de ter de oferecer tratamento e gastar mais dinheiro – são as responsáveis pelo estigma que existe a respeito da doença, em geral confundida, quanto à forma de contágio, com as hepatites A ou B.

Diante dessa nova realidade, a personalidade da Natalia, sua curiosidade e sua fé em Deus levaram-na a querer conhecer o intruso em seu organismo. Isso fez com que ela aprendesse a respeito da doença. Ela aprendeu como o vírus trabalha, como é transmitido, como cuidar de seu avanço, quais os tratamentos e as conseqüências. Ela descobriu que a hepatite C não é "um bicho-de-sete-cabeças", como muitas vezes ouvimos alguns médicos falar através da imprensa, em busca de seus 15 minutos de fama.

Saber que se trata de uma doença de lenta evolução e que, em razão disso, 80% dos infectados morrerão de velhice, com a hepatite C no organismo, é um grande passo para perder o medo da doença. Nem por isso, no entanto, a hepatite C deixa de ser uma doença preocupante, pois estar entre os 20% restantes significa desenvolver uma cirrose ou um câncer no fígado, entre outras doenças.

O que fazer para não ingressar nos 20% que desenvolverão a doença? Primeiramente é preciso que a doença seja detectada o mais cedo possível, pois, se uma cirrose, por exemplo, estiver instalada, a situação ficará muito mais complicada com o tempo.

Uma vez detectada a doença, devemos iniciar logo o tratamento? Se nos guiarmos apenas pelas propagandas dos fabricantes de medicamentos ou por médicos que recebem os estudos por eles financiados e seguem à risca esses estudos, sem questioná-los, acreditaremos que todos os pacientes deverão ser tratados por um período longo. No entanto, não podemos nos esquecer de que o interesse dos fabricantes é vender e ter lucros.

Felizmente, existem pesquisadores e médicos confiáveis, mais preocupados com o ser humano do que com a fonte de lucros que a doença possa trazer. Para eles, 80% dos pacientes podem conviver com o vírus sem maiores dificuldades. Sendo assim, nem todos precisam ser tratados, a não ser aqueles que evidentemente apresentem algum dano hepático ou evolução da doença.

Nota 10 para esses médicos, pois, com certeza, poderão aguardar a descoberta de medicamentos mais eficazes do que os atuais, que proporcionam a cura apenas à metade dos infectados e que podem desencadear efeitos colaterais graves.

A esses pacientes é ensinado que uma qualidade de vida melhor, com uma alimentação sadia e balanceada, com um programa de exercícios físicos para manter o peso ideal e com total abstinência de bebidas alcoólicas, tudo aliado a um acompanhamento médico permanente, fará, na maioria dos casos, com que eles convivam, sem maiores problemas, com a doença e, no mínimo, consigam diminuir a sua progressão. Se necessário, eles receberão do médico, no momento certo, a orientação para o tratamento.

Foi isso que Natalia fez quando descobriu que a informação e o conhecimento são excelentes coadjuvantes do tratamento. Nem todos os médicos lidam bem com pacientes que fazem muitas perguntas, mas os verdadeiramente competentes, que enxergam a sua frente um ser humano e não uma simples caixinha com vírus ou uma conta bancária, incentivam seus pacientes a conhecer a doença, porque reconhecem que isso tem efeito positivo no tratamento. Esses verdadeiros médicos incentivam os pacientes a procurar informações pela Internet e a freqüentar grupos de apoio.

Este é um manual que todo paciente deveria seguir no tratamento de qualquer doença. Ao chegar ao final do livro, entenderemos que não podemos desistir ante a ignorância daqueles que, de início, tentam nos desestimular com informações incorretas e que devemos procurar os caminhos certos, saber abrir as portas que nos levam à cura das doenças.

O milagre da cura não se encontra em uma caixinha de medicamentos. Ele está dentro de nós. Então, o que devemos fazer para que esse milagre aconteça? Devemos ter fé e acreditar em nós mesmos. A cura para a maior parte das doenças depende de nós; os medicamentos, indispensáveis, fazem sua parte, mas não podem fazer tudo. De que adianta ingerir medicamentos se pensarmos negativamente, se acharmos que não farão efeito? Se pensarmos assim, com certeza não farão!

Carlos Varaldo
Grupo Otimismo

Introdução

Decidi compartilhar minha história com todos os leitores com o objetivo de encorajar os portadores de hepatite C e seus familiares a enfrentarem a doença de maneira consciente e responsável, sem perder a esperança.

Todos nós estamos suscetíveis a descobertas como esta e, nesse momento, é muito importante saber que não estamos sozinhos. Há muitas pessoas envolvidas nessa luta: portadores, profissionais da saúde, cientistas e tantas outras.

Minha experiência é parecida com a de muitos outros portadores de hepatite C que descobriram a doença por acaso e levaram um susto ao receber o diagnóstico, pois na maioria dos casos a doença é assintomática.

Espero que este livro possa oferecer apoio psicológico e ser uma fonte de informações importantes sobre alguns fatores relacionados à doença, tanto para os portadores de hepatite C quanto para seus médicos, amigos e familiares.

Gostaria de informar que criei um site específico para o tema do livro, inclusive, posso ser contactada através dele. Visitem o site *www.nutrilife.com*.

Capítulo 1

Minha História

Quando pequena, eu era muito saudável e ativa; não parava quieta, brincava o tempo todo com amigos do prédio, da escola e da praia, no litoral norte de São Paulo, onde ainda passo as férias com a minha família. Não ficava doente com facilidade. Até a adolescência, havia tido apenas as doenças comuns da infância, como caxumba, catapora, verminose – não consigo me lembrar de outras. Na adolescência, meus problemas de saúde se resumiam a rinite alérgica, cólicas menstruais, sinusite e um pouco de asma, mas nada que pudesse interferir em minha rotina.

Hoje, esses problemas não me incomodam mais. Há muito tempo que a rinite, a sinusite, a asma e as cólicas não fazem mais parte de minha vida. Faço parte da 'geração saúde', sempre evitei bebidas alcoólicas, pratico esportes regularmente e já participei de equipes de vôlei, futebol de salão, natação, ginástica, musculação, *step*, *spinning*, *handebol* etc. Sou muito ativa e gosto de me sentir bem. Acho importante praticar atividade física para me manter saudável.

Minha mãe sempre me orientou sobre o modo como deveria me alimentar. Ela evitava comprar refrigerantes e guloseimas, como chocolates, balas, chicletes, salgadinhos etc. Em casa, sempre comíamos muitas frutas, verduras e legumes. Conheci as guloseimas na escola, mas mesmo assim não me interessei muito, pois não estava acostumada. A minha alimentação sempre foi simples e saudável. No café da manhã, leite com aveia, pão integral com mel, manteiga ou geléia; no almoço, arroz, feijão, carne, verdura e legumes; no lanche da tarde, repetia o que havia comido no café da manhã ou, então, comia biscoitos, pão de queijo ou fruta; o jantar era parecido com o almoço.

Nunca tive problemas com meu peso. Por isso, comia tudo o que tinha vontade sem me preocupar. Quando tinha vontade, comia sanduíches com bastante maionese, cachorro-quente, batata e mandioca fritas, muito sorvete com calda de chocolate e não me preocupava com os efeitos que isso traria ao meu organismo.

As coisas começaram a mudar em 2001, mais precisamente no mês de agosto, quando eu tinha 22 anos. Nesse período, comecei a ter alguns problemas intestinais e fiquei quase três semanas com diarréia, sem descobrir a causa. Eu era estagiária da área de Recursos Humanos de uma empresa. Organizava treinamentos e cursos para os funcionários e, durante as três semanas, no trabalho, tomava dois litros de água-de-coco por dia, para não desidratar. Provavelmente, foi algum protozoário que entrou em meu organismo, mas, como não fiz exames, não posso afirmar com certeza.

A partir desse momento, percebi que meus hábitos alimentares começaram a mudar. Meu organismo começou a rejeitar alimentos mais gordurosos, frituras, preparados com farinha branca e carne vermelha e a preferir cada vez mais outros alimentos, como frutas, verduras, iogurte, arroz e pão integral, carne de soja ou de frango; enfim, preparações mais leves. Eu ficava muito enjoada se ingerisse principalmente alimentos gordurosos. Todas as vezes que os comia, mesmo que em quantidades moderadas, sentia-me mal, tinha dores de cabeça e náuseas, mas não chegava a vomitar. Tomava o chá de boldo que minha mãe e minha avó preparavam; na maioria das vezes, isso funcionava e eu me sentia melhor.

Além disso, quando o tempo estava muito frio ou muito quente, apareciam bolhas e pequenas feridas em minhas mãos que provocavam muita coceira e deixavam meus dedos inchados, com uma aparência horrível.

Tudo isso me parecia estranho, mas, de alguma forma, era o meu organismo me avisando. Claro que muitas vezes eu não queria aceitar o que o meu organismo estava tentando me mostrar: que havia algo errado e que precisava ser tratado. Eu me perguntava o que estava acontecendo. Não precisava fazer nenhum tipo de dieta, não fiz nenhum pacto de mudar radicalmente a alimentação, nem disse: "Ah! Agora vou mudar meus hábitos alimentares e começar a comer alimentos mais saudáveis". Não, não aconteceu assim; foi involuntário. Eu simplesmente tinha a necessidade de mudar os hábitos alimentares sem saber o porquê. Tudo aconteceu de forma rápida e natural. O desejo que eu sentia, de vez em quando, de comer alimentos que me faziam mal foi se acabando e tinha cada vez mais vontade de comer aquilo que me fazia bem.

Claro que, com essa alimentação mais saudável, eu emagreci. Perdi 10 quilos em mais ou menos 7 meses, pois estava ingerindo menos calorias e continuava com as atividades físicas na mesma intensidade. Nesse período, minha menstruação ficou desregulada, até que o fluxo parou. Tive amenorréia (ausência de menstruação, alterações no ciclo menstrual) provocada por estresse, mudanças radicais nos hábitos alimentares, diminuição dos níveis de estrógeno, alteração brusca da composição corporal e excesso de exercícios.

Meus pais começaram a observar meus hábitos alimentares com o intuito de identificar algum distúrbio, como, por exemplo, anorexia, que é um distúrbio alimentar em que a pessoa tem obsessão pela magreza; a comida é vista como uma inimiga. Essa hipótese foi descartada. Eu não tinha anorexia! Então, começamos a observar tudo.

Na vida profissional estava tudo correndo bem. Em dezembro de 2001, formei-me em Administração de Empresas pela Fundação Armando Álvares Penteado (Faap), em São Paulo. Planejei, nessa época, uma viagem à Nova Zelândia para estudar inglês no início de 2002. Quanto ao aspecto emocional, havia terminado um namoro de alguns anos e queria um tempo para cuidar de mim.

Foi por causa da rápida perda de peso e da amenorréia que começou a minha corrida aos médicos (nutricionistas, alergistas, clínicos gerais, homeopatas, ginecologistas, endocrinologistas, reumatologistas etc.). Tudo foi acontecendo ao mesmo tempo sem que eu soubesse o porquê. Passei muitos meses fazendo exames, como hemograma completo, ultra-sonografia do abdômen e da pelve, exames de fezes, densitometria óssea, exames de urina, hormônios, glicemia, diabetes, colesterol, gasometria venosa, ferritina, uréia etc. Todos os resultados, graças a Deus, estavam dentro da normalidade. Isso me deu força para continuar os meus planos. E um dos projetos mais importantes era ir para a Nova Zelândia estudar inglês.

Em março de 2002, viajei para a Nova Zelândia. Na época, pesava 45 quilos, o que era pouco para minha altura, 1,65m. Os ossos de minha costela apareciam, a amenorréia persistia e eu não me sentia saudável, apesar de ter energia para minhas atividades diárias. Recebi apoio dos meus pais para essa viagem, apesar das minhas condições fisiológicas. Eles demonstraram muita fé em Deus ao me deixar ir. Através do intercâmbio cultural, fui morar na casa de uma família neozelandesa, no bairro de Mt. Albert, nos arredores da cidade de Auckland, a maior cidade da Nova Zelândia. Era uma família grande: um casal e 4 filhos. Matheus tinha 23 anos, Liz, 21 anos, Erin, 14 anos, e Craig, 20 anos, este último estava fazendo faculdade em Duniden, uma cidade ao sul da Ilha Sul da Nova Zelândia. O pai se chamava Peter e era farmacêutico e a mãe se chamava Kay e era dona de casa e professora de inglês para estrangeiros. Um mês depois de minha chegada, eles receberam mais uma estudante do Japão, a Shihu, que tinha 17 anos. Era uma bela e espaçosa casa, com um quarto para cada um de nós.

Eu tinha minha rotina de estudos, passeios e também nadava todas as tardes. Cheguei à Nova Zelândia com 45 quilos, como já disse, e em uma semana estava pesando 43 quilos, por causa de uma diarréia muito forte que tive na primeira semana. A comida de lá era saborosa; a Kay cozinhava muito bem, mas não me adaptei com os hábitos alimentares, tanto da casa como das praças de alimentação. Eu comia o que a Kay preparava, mas a base da comida deles era carne de porco, frituras, batatas e muito môlho branco. Quase tudo era feito com banha e molhos cremosos, e isso dificultava as coisas para mim, porque eu já não comia mais esse tipo de preparações. Lembro-me de que eu me sentia mal algumas horas após a refeição, sentia-me pesada, enjoada e, no dia seguinte, o resultado era o mesmo: diarréia. Eu não me sentia à vontade para falar sobre a comida que eles serviam, nem para preparar algo a que eu estivesse acostumada. Kay fazia tudo com muito capricho. A hora do jantar era um momento de comunhão entre a família. Todos se sentavam à mesa e cada um falava sobre o seu dia. A comida era servida por Kay e cada um deveria comer o que ela havia colocado no prato, que já ficava pronto na mesa, no lugar onde cada um se sentava. E essa era a última refeição do dia.

Durante os meses em que fiquei na Nova Zelândia, sentia muitas dores nas juntas das mãos, dedos e pernas, além de me sentir, muitas vezes, cansadíssima. Meus dedos ficavam duros e coçavam, ficavam inchados e eu pensava que era por causa do frio. Tudo isso foi difícil, mas, em comparação à excepcional experiência que estava vivendo, era insignificante. Deus me sustentou naquele país e me proporcionou momentos inesquecíveis. Conheci toda a Ilha Norte e Sul, nadei com golfinhos, esquiei na neve, pulei de pára-quedas e apreciei paisagens deslumbrantes. Voltei para o Brasil inteira e feliz no final de junho de 2002, com muitas histórias para contar e fotos para mostrar.

Por causa dos vários problemas que tinha com a alimentação, amenorréia e peso, resolvi estudar Nutrição. No segundo semestre de 2002, cursei uma matéria na pós-graduação de Nutrição da USP, como aluna especial do curso da professora Silvia Cosolino. Apaixonei-me pela Nutrição e decidi investir na profissão. Com a formação em Administração, recebi orientação da professora Silvia para fazer graduação em Nutrição e, então, atuar como nutricionista. Estudei três meses por conta própria e tive algumas aulas particulares. Prestei o vestibular em novembro de 2002, no Centro Universitário São Camilo, em São Paulo, passei e comecei o curso de Nutrição em 2003.

O Diagnóstico

O diagnóstico de hepatite C aconteceu em fevereiro de 2003, no mesmo período do início do curso de Nutrição.

Minhas mãos continuavam a inchar e a coçar muito, tanto no verão como no inverno, o baixo peso e a amenorréia persistiam. No início de janeiro, resolvi ir a um clínico geral para, mais uma vez, falar sobre meu problema. Marquei a consulta com o Dr. Ismar Fontão Carril. Ao me examinar, ele achou minhas mãos muito amarelas e me pediu para fazer os testes de hepatite e Aids. Eu disse a ele que não seria necessário, pois acreditava que minhas mãos eram amarelas porque eu comia muito mamão e cenoura. Alguns médicos haviam me dito que esses alimentos são ricos em betacaroteno (pró-vitamina A), que, em grande quantidade no organismo, pode deixar a palma das mãos, a sola dos pés e a pele amareladas. Mas o Dr. Ismar insistiu que eu fizesse os exames e eu resolvi fazê-los, pois tinha certeza de que daria tudo negativo.

Fiz os exames de sangue e esperei as férias terminarem para levar os resultados ao médico. O resultado de Aids deu negativo, mas, no teste de hepatite, ele percebeu algo de errado. Ele me encaminhou a um gastroenterologista, o Dr. Fernando Mendes

Tavares, que me fez algumas perguntas e me pediu outros exames mais específicos, os conhecidos TGO e TGP, hepatite A, B e C, além de GGT (veja capítulo sobre exames da hepatite C).

Fiz esses exames mais específicos e, antes de levá-los ao Dr. Fernando, encontrei-me com o Pastor João, um amigo da família, para orar, pois sabia que estava vivendo um momento delicado. No dia 12 de fevereiro, no consultório do Dr. Fernando, tive uma surpresa: eu era portadora do vírus da hepatite C!

No momento em que ele me deu a notícia, o chão ruiu e senti como se estivesse flutuando. Um frio percorreu minha barriga e parecia que ia atravessar meu corpo. Eu não estava nem um pouco preparada para ouvir aquilo. Olhei para minha mãe e vi nos olhos dela surpresa, espanto e medo. O Dr. Fernando nos disse que eu deveria fazer uma confirmação em um outro laboratório, pois o teste precisava de comprovação. Saí do consultório abalada, chorei e orei muito.

Aquelas semanas de espera para ver os resultados dos novos exames foram difíceis e longas. Tive uma febre muito alta, fiquei de cama uns três dias, senti-me muito mal. Eu não conhecia nada sobre essa doença, nunca tinha lido sobre a hepatite C, nem assistido a nenhum programa sobre o assunto: era algo novo e assustador.

Quando voltei com os novos exames ao consultório do Dr. Fernando, eu e meus pais tínhamos muita esperança de que o resultado fosse negativo, ou seja, de que o resultado do teste de hepatite C fosse *indetectável*. A vontade especialmente do Dr. Fernando de que o resultado do teste fosse negativo, ou indetectável, era tanta que, ao abrir o exame, em vez de olhar o resultado do teste, ele olhou o valor de referência e disse a mim e à minha mãe que o resultado era *indetectável*. Mas em seguida ele corrigiu o diagnóstico, que se confirmou positivo, como no exame anterior. Eu realmente tinha hepatite C!

O mundo caiu sobre minha cabeça, principalmente porque não conhecia nada sobre a doença e não sabia se teria de conviver com isso por toda a minha vida. O Dr. Fernando solicitou um exame quantitativo de hepatite C para mais uma vez comprovar a doença e verificar qual era a carga viral. Nesse momento, foi muito importante ter fé em Deus, pois isso me ajudou a ter esperança e a acreditar que, mesmo que não obtivesse a cura pela medicina, Deus poderia me dar forças durante esse processo difícil e me curar, se fosse de sua vontade.

Era feriado de carnaval quando levei o resultado do teste quantitativo ao Dr. Fernando. O resultado foi de 409.585 UI/ml, um resultado considerado alto, segundo ele.

Eu e meus pais fomos a uma última consulta com o Dr. Fernando para ele nos orientar e fazer o meu encaminhamento. Ele nos aconselhou com muita sabedoria e sensibilidade a procurar um especialista na doença, um hepatologista. Pensamos até em procurar algum tratamento no exterior, mas o Dr. Fernando nos disse que havia ótimos especialistas aqui no Brasil que poderiam cuidar do meu caso.

Naquele momento, eu e minha família não tínhamos a menor idéia do que estávamos enfrentando, nem de como eu tinha contraído o vírus da hepatite C. Para falar a verdade, nem conhecíamos as vias de transmissão, os sintomas, a gravidade e se existiam tratamentos. Procuramos um médico especialista com quem pudéssemos conversar e esclarecer essas e outras dúvidas sobre meu estado clínico, tratamento, sintomas, perspectivas e também tudo o que estivesse ligado à doença. Minha cabeça não parava de formular questões; queria entender o que estava se passando e o que eu poderia fazer para vencer essa situação. Eu estava muito assustada, pois minha única informação sobre a doença era a de que ela não tinha cura e poderia evoluir para um câncer no fígado e levar o portador à morte. Não sabia se poderia me casar, ter filhos, trabalhar, enfim, não sabia se poderia ter uma vida normal.

Nesse período de muitas dificuldades e questionamentos, Deus me abençoou muito e pude reencontrar o homem da minha vida, que se tornaria meu esposo em breve. Começamos a namorar no final de fevereiro de 2003, no mesmo período da descoberta da doença. Eu já o conhecia há três anos, desde 2000, e nessa época já havia um interesse por parte dele, mas só em 2003 tivemos a oportunidade de investir em um relacionamento. Embora nosso namoro fosse muito recente, resolvi contar a ele o que estava acontecendo comigo. Quis compartilhar o problema desde o início, porque o apoio do Wueislly seria muito importante para mim. Senti que podia contar a ele, porque sabia que era um homem que confiava em Deus e que gostava muito de mim. Por isso, senti-me segura para ser completamente sincera. Confesso que não foi fácil, mas pedi a Deus que o Wueislly me perguntasse algo sobre minha saúde e, assim, eu teria mais forças para contar. No dia seguinte, em um passeio, ele me questionou sobre meus exames e essa foi a oportunidade para falar. Não omiti nada, abri meu coração, ele me ouviu e me apoiou. Isso me deu muita força para enfrentar a doença e ajudou a solidificar nosso relacionamento.

Lidando com o Diagnóstico Positivo

Antes da minha primeira consulta com a hepatologista, Dra. Gilda Porta, comecei a pesquisar na Internet os *sites* sobre hepatite C. Para minha surpresa, encontrei com facilidade ótimos *sites* com informações claras e seguras, além de grupos de apoio que oferecem ajuda aos portadores e seus familiares. Identifiquei-me com o *site* do Grupo Otimismo (www.hepato.com), que contém informações claras e passa credibilidade. Associei-me a ele para receber informações periódicas sobre palestras, legislação, reportagens, comentários, pesquisas, medicamentos, fazer perguntas e obter todo o tipo de informação sobre alimentação, transmissão, grupos de risco, modos de prevenção e tratamentos.

Nessa época conheci, por *e-mail*, Carlos Varaldo, uma pessoa excepcional, que foi curado de hepatite C depois de realizar o tratamento com medicamentos. Ele fundou um *site* chamado Grupo Otimismo de Apoio a Portadores de Hepatite C, considerado pelo Health on The Net Foundation, no início de 2004, o 3º melhor *site* sobre hepatite C no mundo, entre os avaliados.

Fui à consulta com a Dra. Gilda acompanhada de meus pais e com muitas perguntas anotadas. O que mais me intrigava era como eu havia contraído a doença, se existia cura e se poderia ter uma vida normal com o vírus em meu organismo. A hepatologista fez algumas perguntas a meus pais. Uma das perguntas foi se eu havia tido alguma complicação ao nascer. Meus pais contaram que ao nascer eu perdi mais glóbulos vermelhos do que deveria e tive icterícia neonatal (ver Bilirrubina, Capítulo 2). Minha mãe recebeu alta um dia após o parto e eu fiquei no hospital mais cinco dias. Nesse período, recebi plasma por causa da icterícia. A Dra. Gilda disse que a probabilidade de eu ter contraído o vírus nesse momento era de 90%. Possivelmente fazia 24 anos que eu tinha hepatite C e não sabia. Essa informação, naquele momento, foi um choque para todos nós. Fiquei imaginando que poderia ter passado o vírus para a minha família durante todo esse tempo de convívio, mas isso porque ainda não conhecia as vias de transmissão da doença.

A médica me examinou, ouviu todas as minhas perguntas e me explicou o que eu precisava saber sobre a doença. Para minha surpresa, ela disse que eu poderia ter uma vida normal, que existia tratamento com possibilidade de cura e que eu poderia namorar, casar e ter filhos no futuro, como todas as mulheres. Lembro-me de ter ficado surpresa ao ouvir da médica que a hepatite C tinha cura. Apesar de ter lido sobre isso nos *sites*, não podia acreditar que era verdade! Nesse momento, no meu íntimo, eu agradecia a Deus de todo o meu coração e pensava: eu tenho um longo futuro pela frente! Saímos do consultório mais aliviados e contentes.

Naquela semana, fiz o teste de genotipagem do vírus e descobri que havia contraído o tipo 3a (que explicarei no Capítulo 2), o que era bom por tudo o que eu já sabia sobre os tipos de vírus HCV. Os portadores do tipo 3a têm uma ótima resposta ao tratamento e grandes chances de cura total. Minha médica achou que eu não precisaria fazer biópsia naquele momento, nem começar o tratamento com medicamentos, pois as taxas de TGO e TGP não estavam tão altas e minha ultra-sonografia de abdômen total mostrava que meu fígado não estava com o tamanho alterado. A Dra. Gilda Porta orientou-me a fazer exames periódicos para monitorar a evolução da doença. Se fosse necessário, ela entraria com um tratamento de seis meses com Interferon Preguilado e Ribavirina.

Desde fevereiro de 2003, tenho feito exames periódicos de três em três meses de TGO, TGP, GGT, plaquetas, hemograma completo, FA (fosfatase alcalina), TP, TTPA, PTF, ultra-sonografia de abdômen total e U+C. Os resultados são avaliados por minha médica e juntas decidimos se o tratamento deve continuar da mesma forma ou não. Faço, uma vez por ano, o PCR quantitativo, que indica se houve variações nos valores da carga viral. O PCR tem diminuído – o que é um ótimo sinal – ao longo desse período e tenho fé de que um dia o resultado será *indetectável* e permanecerá assim para sempre.

Quando soubemos do resultado positivo, decidimos não contar a muitas pessoas sobre a doença, além dos familiares mais próximos e pouquíssimos amigos de oração. Nesse momento, não queria contar a toda a minha família, nem à família do meu namorado. Era um assunto que eu não queria compartilhar com muita gente, pois tinha medo de sofrer algum tipo de preconceito e também sentia vergonha por estar com uma doença infecciosa. Além disso, mesmo com informações da médica e da Internet, eu ainda tinha muitas dúvidas e incertezas. Eu queria aprender mais, entender tudo o que estava acontecendo e o que poderia vir a acontecer comigo.

Um dia, pesquisando no *site* do Grupo Otimismo, dois livros que Carlos Varaldo havia lançado sobre hepatite C (*Convivendo com a Hepatite C* e *A Cura da Hepatite C*) chamaram-me a atenção. Confesso que o segundo título me atraiu mais e comprei-o no mesmo dia. Em pouco tempo já havia lido o livro todo. Ele é esclarecedor e tem uma linguagem fácil. Por isso, eu recomendo a sua leitura. Tanto o *site* do Grupo Otimismo quanto os livros de Carlos Varaldo foram ótimas fontes de informação para que eu pudesse esclarecer minhas dúvidas sobre a hepatite C e também escrever este livro.

Passado um ano do diagnóstico, o namoro com o Wueislly estava ótimo, pois o amor que Deus havia colocado em nossos corações só crescia. Nós íamos completar um ano de relacionamento, quando começamos a pensar em noivado e casamento. Contudo, fiquei um pouco apreensiva por causa da hepatite C. A Dra. Gilda sempre me dizia que eu poderia levar uma vida normal, constituir família, trabalhar, estudar, mas a insegurança às vezes aparecia. Quando pensávamos em casamento, eu me preocupava com a transmissão do vírus tanto para o Wueislly quanto, no caso de gravidez, para o feto. Questionei a Dra. Gilda e, mais uma vez, ela me esclareceu esses assuntos, conforme está explicado no capítulo sobre vias de transmissão. Diante das ótimas notícias e informações recebidas de minha médica, senti-me mais segura e começamos a planejar o casamento. Foi nesse período que a família do Wueislly ficou sabendo da doença. Enfrentamos alguma resistência, pois, assim como eu, eles não conheciam nada de hepatite C e é natural que ficassem preocupados e tivessem as mesmas dúvidas que tive. Aproveitei a oportunidade para explicar à mãe dele, através de uma carta, tudo o que eu havia aprendido a respeito desse assunto e a maneira como a hepatite C foi diagnosticada em minha vida. Para nossa felicidade e glória de Deus, nos casamos, com a benção de nossos pais, no dia 10 de julho de 2004. Foi um dia de vitória para nós e para nossas famílias.

Até agora não foi preciso iniciar o tratamento com medicamentos e acredito que isso não será necessário, pois vivo como curada. Minha médica me acompanha através de consultas e exames periódicos. Independentemente de estar em tratamento com medicamentos ou não, o suporte médico é muito importante para esclarecer as dúvidas que vão surgindo.

Não poderia terminar este capítulo sem contar uma experiência que eu e o Wueislly tivemos, para que sirva como alerta a todas as pessoas que fazem os exames de HCV. Faço o PCR quantitativo uma vez por ano, pois creio que, mesmo sem o tratamento, Deus pode tornar o resultado do exame *indetectável*. No mês de outubro de 2004, fiz o exame de PCR quantitativo em um laboratório. Para minha surpresa, o resultado foi *indetectável*. Mostrei-o ao meu marido e ficamos muito felizes. Marquei uma consulta e levei os exames à Dra. Gilda. Ela me disse que, se o resultado estivesse certo, eu havia ganhado na loteria! Solicitou a contraprova do exame em outro laboratório de sua confiança. Eu e meu marido tínhamos certeza de que Deus havia me curado e de que o resultado do novo exame seria o mesmo: *indetectável*.

Como o aniversário de meu pai seria na semana em que nós pegaríamos o resultado do novo exame, eu e o Wueislly planejamos levar o resultado como presente de aniversário. Eu até ficava imaginando a alegria, o sorriso de todos com o resultado *indetectável*.

Infelizmente, o resultado foi outro e a carga viral apresentou um valor alto. Eu fiquei particularmente arrasada, pois acreditava que o resultado se confirmaria. Apesar disso, não perdemos a fé de que eu serei curada e de que Deus agirá através do tratamento ou por um grande milagre!

Otimismo e Fé

Sigo à risca as recomendações da Dra. Gilda e coloco em prática meus conhecimentos sobre nutrição no meu dia-a-dia.

Para manter meu organismo saudável, pratico exercícios regularmente, alimento-me apropriadamente (veja capítulo sobre alimentação) e durmo 8 horas por dia; gosto de dormir cedo e acordar cedo.

Para manter minha mente sã, procuro ser sempre otimista, fazendo planos para o futuro, pois sonhar é muito importante.

Tenho pessoas maravilhosas ao meu lado, que me amam e me dão todo o apoio de que necessito. Sinto-me privilegiada, pois é na adversidade que Deus nos ensina o verdadeiro valor das pessoas que nos cercam: meus pais, meu esposo, minha irmã, familiares, médicos e amigos de oração, que, juntos, têm sido instrumentos usados por Deus para me abençoar nesse momento difícil. *Nada temo, pois minha força e segurança estão em Deus.*

Capítulo 2

A Hepatite C

Deu Positivo! E Agora, o Que Fazer?

Um diagnóstico POSITIVO para o teste de hepatite C, com certeza, não é uma boa notícia. No entanto, temos de seguir com a vida e enfrentar o problema. Para isso, precisamos obter mais informações sobre a doença, seus riscos potenciais para o organismo e os tratamentos indicados.

Não existem muitos médicos especializados em hepatite C no Brasil, mas é importante que você procure um profissional que tenha experiência com a doença – na maioria das vezes são os hepatologistas. Os convênios particulares ou seguros-saúde têm profissionais competentes que podem fazer o acompanhamento médico e solicitar os vários exames necessários. Muitos desses exames são cobertos pelo convênio, conforme o tipo de contrato, mas outros, como o PCR, não possuem cobertura e são caros. Nesse caso, procure o Hospital das Clínicas para realizar os exames. Se você não tiver um bom plano de saúde, procure o SUS, que oferece tratamento gratuito para a hepatite C, porém somente em alguns centros referenciados. Veja a relação completa de médicos e hospitais no *site* www.hepato.com, na seção *Médicos – Hospitais*, ou ligue para o "Disque-Saúde" do Ministério da Saúde: 0800-61.1997.

A Hepatite C

Histórico

Nos últimos anos, a hepatite C transformou-se em uma enorme ameaça para a saúde pública em todo o mundo e um desafio para a política de combate às drogas. Os usuários de drogas injetáveis constituem, atualmente, o grupo com maior risco de infecção, com cerca de 60% a 90% de novas infecções por ano. Por isso, é importante que sejam feitas campanhas de divulgação de informações sobre a doença e as formas de contágio.

As pessoas, principalmente os usuários de drogas injetáveis, precisam se conscientizar, da importância da mudança de comportamento, para minimizar o risco de contrair o vírus. O ideal seria não fazer uso de drogas, independentemente do risco de contrair HCV, Aids ou outras doenças. Nos países onde é provável que o consumo de drogas injetáveis aumente, também é provável que surjam novas epidemias de hepatite C.

A faixa etária dos infectados está aumentando, o que demonstra que a maioria das fontes de infecção já está controlada. Os usuários de drogas, no entanto, ainda constituem a fonte de infecção mais preocupante.

Existem aproximadamente 200 milhões de pessoas contaminadas no mundo e a maioria delas desconhece que está infectada. Das pessoas que já detectaram o vírus, muitas não têm a menor idéia de como, quando e onde ocorreu o contato com o HCV.

Felizmente, desde que foi introduzido o rastreio do sangue e de seus derivados, registrou-se uma redução drástica na transmissão do vírus da hepatite C.

O Que É a Hepatite C?

A hepatite C é uma doença hepática transmitida por via sanguínea. A infecção pelo HCV expandiu-se, principalmente, em conseqüência do consumo de drogas por via intravenosa, transfusões de sangue sem controle sangüíneo, procedimentos cirúrgicos sem higiene e uso compartilhado de objetos cortantes, como alicates de unha, agulhas, seringas, lâminas de barbear etc. É uma doença altamente infecciosa, por vezes mortal, que ataca o fígado. Na maioria dos casos, no entanto, as pessoas infectadas pelo vírus permanecem assintomáticas durante muitos anos, sem ter a doença diagnosticada. Assim, é necessário reforçar a sensibilização pública e profissional em relação à doença, com o intuito de encorajar as pessoas, mesmo as que não fazem parte dos grupos de risco, a submeterem-se ao teste e ao devido tratamento, se necessário.

A doença tem vários estágios e cada organismo reage de maneira diferente. Pode evoluir para a cirrose, que é a cicatrização do fígado, devido à inflamação nas células hepáticas. O fluxo sanguíneo é prejudicado, reduzindo a velocidade de processamento de hormônios, aminoácidos, gorduras, nutrientes e toxinas, diminuindo a velocidade de produção de proteínas, entre outras substâncias. As funções do fígado ficam muito prejudicadas.

Muitos portadores, no entanto, não desenvolverão a cirrose ou outra doença decorrente da hepatite C e poderão, após a descoberta da doença, ter uma qualidade de vida melhor do que aquela que tinham antes de ser diagnosticados.

Ao receber o diagnóstico, a pessoa é levada a buscar uma qualidade de vida melhor, deixando hábitos destrutivos como fumar, beber, dormir pouco e ter uma alimentação pouco nutritiva e à base de muita gordura saturada. Em vez disso, a pessoa passa a praticar atividades físicas regularmente, a ter uma alimentação mais saudável, a cuidar do corpo e da mente, valorizando cada vez mais a vida.

Os sintomas podem levar anos para se manifestar e podem ser confundidos com sintomas de outras doenças. Todos os dias novos casos são descobertos, mas, felizmente, muitas pessoas têm alcançado a cura através de tratamentos. Existe, sim, essa possibilidade!

Muita coisa ainda está para ser descoberta sobre a hepatite C e poucos profissionais estão capacitados para atender à demanda de portadores. Os sistemas de saúde não possuem muitos especialistas em hepatite C porque é uma doença considerada nova, visto que o vírus HCV foi identificado pela primeira vez em 1989. Apesar disso, as pesquisas sobre esse vírus têm avan çado e há muito mais informações disponíveis agora. Muitos cientistas estão trabalhando arduamente para descobrir novos tratamentos e possíveis vacinas para a prevenção dessa doença.

Sintomas

Apesar de a hepatite C ser considerada uma doença assintomática, existem alguns sintomas que podem estar associados à infecção pelo vírus HCV, tais como:

- depressão e mau humor;
- diarréia;
- dor muscular e nas articulações;
- dor no fígado, no lado direito e superior do abdômen;
- enxaqueca;
- confusão mental;
- fadiga leve ou aguda;
- indigestão;
- inflamação abdominal;
- falta de concentração;
- disfunção cognoscitiva;
- perda de apetite;
- síndrome do intestino irritável;
- sintomas como de gripes de longa duração;
- suor noturno;
- tonturas e problemas de visão periférica;
- vontade de urinar freqüentemente.

Algumas Verdades sobre a Hepatite C

- No mundo, um elevado número de pessoas que já consumiram drogas por via intravenosa, fizeram cirurgias, receberam transfusão de sangue, compartilharam objetos cortantes (alicates de unha, lâminas de barbear etc), fizeram tatuagens, colocaram *piercings*, está infectado pelo vírus HCV.

- A infecção pelo vírus HCV pode resultar em problemas de saúde, como fadiga crônica, problemas hepáticos graves, além do câncer hepático.
- O HCV é altamente infeccioso e transmitido através do contato direto com o sangue infectado.
- Os jovens e os novos usuários de drogas injetáveis correm um risco maior de contrair o HCV e isso com pouco tempo de uso de seringas compartilhadas. A doença propaga-se rapidamente entre os consumidores de drogas que partilham seringas ou outro tipo de material de risco. O vírus HCV tem um grande poder de contágio.
- É difícil acompanhar as tendências da infecção pelo HCV, pois a maioria dos portadores é assintomática ou apresenta ligeiros sintomas após 20 anos de infecção. No entanto, é importante acompanhar as taxas de infecção, uma vez que elas fornecem dados cruciais sobre a eficácia das intervenções.

Detectando a Doença

Em geral, o teste realizado para detectar a doença é o teste de anticorpos do vírus C, o chamado Anti-HCV, que é realizado pela rede pública ou por laboratórios particulares ou convênios. Um teste positivo pode estar incorreto, isto é, pode ser um falso-positivo. Nesse caso, o teste apresenta resultado positivo, mas na realidade é negativo e a pessoa não tem a doença. Isso pode acontecer em indivíduos com baixa imunidade ou por causa de outras doenças infecciosas que "enganam" o teste. Então, é importante confirmar um teste Anti-HCV positivo com um teste suplementar, realizando uma contraprova, um outro teste Anti-HCV.

Se o segundo teste também for positivo, mantenha a calma, pois testes de anticorpos indicam que o organismo foi exposto ao vírus da hepatite C e produziu anticorpos contra o HCV. Esse teste não determina se a pessoa ainda tem o vírus e qual foi o tempo de infecção. Aproximadamente 20% das pessoas infectadas pelo vírus da hepatite C obtêm a cura de forma espontânea, nos primeiros seis meses após a infecção. Apesar da cura, como em qualquer outra doença viral, os marcadores do contato com o vírus (os anticorpos) aparecerão pelo resto da vida nos exames. Após a constatação da presença dos anticorpos no organismo, deve-se confirmar se realmente a pessoa ainda está infectada ou se já está curada, ou seja, se eliminou o vírus espontaneamente. Para isso, deve-se fazer um novo exame, que vai determinar se o HCV, e não os anticorpos, ainda se encontra circulando no sangue.

Existem dois testes para a confirmação, que normalmente os convênios não cobrem por serem caros (veja sobre serviços gratuitos no Capítulo 4). São eles: o PCR/RNA/HCV – Qualitativo, mais recente, e um teste chamado de Pesquisa do HCV pelo Método TMA. Um resultado negativo indica que houve a infecção, porém o vírus não circula mais pelo organismo; houve cura espontânea. Já um resultado positivo, ao contrário, confirma a infecção pelo vírus da hepatite C e indica a necessidade de prosseguir com os outros exames (veja adiante quais são eles). Somente com a realização destes e de todos os outros exames é possível avaliar a necessidade de tratamento ou do simples acompanhamento do estado clínico do paciente, para confirmar que o vírus não esteja em atividade e monitorar a evolução do organismo.

O diagnóstico da hepatite C deve considerar uma combinação de fatores, que incluem o histórico do portador, o exame físico, uma série de exames de sangue e, finalmente, uma biópsia do fígado. Somente um médico especialista em hepatite C pode fazer o diagnóstico de maneira correta. Com médicos não-especialistas, tudo é uma questão de sorte, pois a maioria ainda desconhece a hepatite C.

É compreensível que o paciente fique alarmado com a quantidade de exames solicitados. Descreverei a seguir, não de maneira técnica, alguns dos testes de laboratório mais comumente solicitados, para que o portador entenda melhor qual a finalidade deles.

É bom destacar que anormalidades que possam aparecer nos exames não são diagnósticos seguros de determinadas doenças, pois as taxas de TGO e TGP, por exemplo, podem estar alteradas devido a inúmeros fatores. Somente um médico qualificado que conheça individualmente o paciente pode fazer um diagnóstico seguro, mostrando que, se alguns resultados se apresentarem anormais, especialmente as transaminases, isso não indica necessariamente a presença do vírus da hepatite C. Então, uma série de exames complementares deverá ser solicitada pelo médico para assegurar que o resultado não está alterado por alguma outra doença.

Portanto, antes de iniciar o tratamento, o médico deve ter total certeza de que os resultados anormais dos exames são oriundos da hepatite C, e não de outra doença que também possa alterá-los.

Exames

É normal que o portador de HCV não entenda a necessidade ou a utilidade de alguns testes solicitados pelos médicos.

Assim como eu, muitas pessoas descobriram por acaso, com exames de rotina, que estavam infectadas com a hepatite C. Após a descoberta da doença, os portadores passam por uma batelada de exames, e, muitas vezes, nem sabem do que se trata.

É importante que o paciente questione o médico sobre os exames, para esclarecer todas as suas dúvidas sobre os resultados e sobre a influência deles no quadro clínico.

O portador de hepatite C deve estar em sintonia com seus médicos, fazer os exames nas datas solicitadas, comparecer às consultas e cumprir suas recomendações e as do nutricionista.

Albumina

Albumina é a proteína principal da circulação sanguínea. É sintetizada pelo fígado e segregada no sangue. Baixas concentrações de albumina indicam que a função do fígado está deficiente. Entretanto, em doenças crônicas do fígado, por exemplo, pode haver uma concentração normal de albumina, até que uma cirrose ou um dano hepático maior estejam presentes. Níveis baixos de albumina também podem ser verificados em outras doenças, como desnutrição, infecções renais e outras condições mais raras.

Anticorpos – Anti-HCV

O teste de anticorpos, Anti-HCV mostra se o indivíduo teve algum contato com o vírus. Um resultado positivo não é suficiente para determinar que um indivíduo tenha hepatite *crônica*. O teste Anti-HCV pode apresentar, por vários motivos, um resultado falso-positivo. Além disso, será sempre positivo em pessoas que espontaneamente erradicaram o vírus do organismo ou em pessoas que conseguiram a cura com o tratamento. Todas as pessoas com um resultado Anti-HCV positivo devem realizar um PCR/RNA/HCV para a confirmação da doença.

Bilirrubina

Bilirrubina é o produto da degradação de células vermelhas do sangue; porém, algumas outras fontes podem produzir um aumento desse índice. Na fase aguda das hepatites, a bilirrubina geralmente é elevada, passando a valores normais durante a fase crônica da doença e aumentando novamente os valores na instalação da cirrose.

O bebê nasce com seu sistema enzimático imaturo e isso pode ser uma das causas que levam o seu organismo a não conseguir excretar a bilirrubina de maneira eficiente. A icterícia neonatal se caracteriza pelo aumento sérico de bilirrubina além dos níveis normais. Esta situação pode ser agravada se houver uma destruição significativa de células vermelhas, o que aumentaria ainda mais a bilirrubina circulante. Hoje em dia o banho de luz é o tratamento utilizado em bebês com icterícia, pois a ação da luz auxilia a conversão da bilirrubina em moléculas mais simples, que são mais facilmente metabolizadas e excretadas.

Biópsia do Fígado

É muito comum que pacientes com hepatite C crônica não manifestem sintomas. Por outro lado, outros reclamam de fadiga excessiva, fraqueza e capacidade reduzida para o exercício. Como o dano hepático pode ocorrer até mesmo em casos assintomáticos ou com resultados de exames normais, é importante submeter-se à biópsia para determinar se há dano no fígado, especialmente antes de iniciar o tratamento com o medicamento Interferon. Esse procedimento indica o grau de necrose celular (morte de células), inflamação (infiltração celular e inchaço) e cicatrização (tecido cicatrizado).

Biópsia do fígado é um procedimento diagnóstico em que se retira uma pequena quantidade de tecido, que é examinada por meio de um microscópio, para identificar a causa ou a fase da doença. O mais comum é retirar essa amostra aplicando-se um anestésico local e inserindo-se uma agulha no fígado por uma fração de segundo. Isso pode ser feito em um hospital ou em uma clínica. O paciente é liberado após duas ou três horas, se não houver nenhuma complicação.

Cerca de 50% dos indivíduos que se submetem à biópsia não sentem dor; alguns experimentam uma dor que pode se irradiar para outros órgãos.

Após a biópsia, os pacientes são monitorados durante certo tempo, para descartar uma possível hemorragia. Alguns pacientes têm uma baixa súbita da pressão sanguínea depois da biópsia, provocada por um reflexo de vagal, e não por perda de sangue, ou seja, causada por irritação súbita da membrana peritoneal. As características que distinguem esse evento de uma hemorragia são: pulso lento, sudorese e náusea.

Embora a biópsia não seja obrigatória, atualmente é o procedimento mais recomendado e acurado para determinar a atividade da doença e a magnitude da fibrose. É a base para um prognóstico correto. Como o tratamento pode não ser totalmente eficaz, uma biópsia, em seu transcurso, vai ajudar muito na tomada de decisões.

Se a data em que ocorreu o contágio for conhecida, a progressão a partir desse ponto até a data da biópsia fornecerá valiosa informação sobre a progressão anterior à biópsia e provavelmente a progressão futura. A biópsia é um procedimento relativamente seguro e fácil de realizar.

Contagem de Plaquetas

Plaquetas são as menores partículas do sangue. Algumas pessoas com doença hepática apresentam dificuldade na passagem do sangue pelo fígado, aumentando o fluxo de sangue no baço. Este fica aumentado e retém as plaquetas.

Nas doenças crônicas do fígado, a contagem das plaquetas somente diminui depois que a cirrose se desenvolve. A contagem de plaquetas pode ser anormal em muitas outras doenças, não somente nas do fígado.

Fosfatasse Alcalina

Fosfatasse alcalina é uma enzima ou, mais precisamente, uma família de enzimas relacionadas, produzida nos dutos da bílis, no intestino, nos rins, na placenta e nos ossos. Uma elevação no nível da fosfatasse alcalina, especialmente quando a TGP e a TGO estão normais ou modestamente elevadas, sugere doença nos dutos da bílis. A fosfatasse alcalina também é produzida nos ossos; por isso, problemas ósseos também podem ser detectados pelo aumento dessa enzima.

Gama Glutamil Transferase (GGT)

A GGT é uma enzima que, em excesso na corrente sanguínea, pode sugerir que o paciente esteja com obstrução nos dutos da bílis. Ela pode se elevar por causa de medicamentos, álcool e problemas no fígado.

Hemograma Completo

Analisar as células vermelhas (hemoglobina) e as células brancas (leucócitos, linfócitos, neutrófilos, entre outras) é importante para identificar anemia, infecções, entre outros problemas.

PCR/RNA/HCV

O PCR/RNA/HCV é o teste que confirma se o indivíduo está infectado pelo vírus da hepatite C ou se já o erradicou. Existem dois tipos de PCR/RNA/HCV: o *qualitativo*, que simplesmente detecta se o vírus está presente (resultado positivo) ou não (resultado negativo) no organismo, e o *quantitativo*, que determina a contagem, chamada de carga viral, de vírus presentes no organismo.

O teste *qualitativo* é útil para confirmar o diagnóstico. Ele detecta quando existem 6 UI/ml de vírus ou mais por mililitro de sangue. Caso haja menos que 6 UI/ml de vírus por mililitro de sangue, o resultado será *indetectável*.

O teste *quantitativo* é usado para identificar o volume de HCV em UI/ml, além de monitorar o tratamento e verificar se o paciente está respondendo ao Interferon Peguilado ou se o tratamento deve ser interrompido. Esse teste não mede a extensão de um possível dano hepático, mas é importante para que o médico possa obter informações sobre as chances de resposta do paciente em relação ao tratamento. Normalmente, indivíduos com cargas virais abaixo de 600.000 UI/ml respondem melhor ao tratamento.

Parece ser desnecessário realizar testes *quantitativos* periodicamente em indivíduos fora do tratamento, pois a carga viral não tem nenhuma relação com a gravidade da doença ou com a agressividade do vírus ou, ainda, com a velocidade de progressão da doença. O teste *quantitativo* só serve como prognóstico sobre a provável resposta ao tratamento. Sendo assim, deveria ser realizado uma vez antes do tratamento (com Interferon Peguilado) e mais uma ou duas vezes, no máximo, durante o tratamento, para verificar se o paciente está respondendo.

Realizar estes testes em pacientes fora do tratamento, além de desnecessário, pode aumentar a ansiedade do paciente, que, ao verificar as variações do vírus entre um exame e outro – variações totalmente normais em função do sistema imunológico – poderá ficar ainda mais apreensivo e em muitos casos depressivo, o que afetará seu sistema imunológico, debilitando as defesas naturais do organismo e, dessa maneira, aumentando a carga viral. Isso pode se tornar uma verdadeira tortura psicológica, que com certeza prejudicará o paciente. Apesar disso, existem pacientes que, em consenso com o médico, realizam este exame uma vez por ano.

O teste *qualitativo* é muito mais seguro e sensível, pois detecta um menor número de vírus, além de ser mais rápido e barato. De cada 10 testes *quantitativos*, um pode apresentar resultado incorreto, em razão da complexidade laboratorial e das condições de armazenamento da amostra de sangue. (Veja no Capítulo 1 a minha experiência com este teste.)

Tempo de Protrombina

Muitos fatores de coagulação do sangue são produzidos no fígado. Por isso, quando o dano hepático é elevado, a síntese dos fatores de coagulação apresenta-se diminuída. O tempo de protrombina é um tipo de exame de sangue realizado em laboratório e que fornece resultados elevados quando as concentrações, no sangue, de alguns dos fatores de coagulação estão baixas.

Na doença crônica do fígado, o seu valor não é normalmente elevado até que a cirrose esteja presente e o dano hepático seja bastante significativo. Na fase aguda de doenças do fígado, o tempo de protrombina pode ser elevado, com dano severo no fígado, podendo voltar ao normal quando o paciente se recupera. O tempo de protrombina também pode ser elevado em casos de deficiência de vitamina K.

Transaminases

Os testes das transaminases TGO e TGP, também chamados de ALT e AST, são marcadores de atividade enzimática ou inflamação no fígado. Essas enzimas ficam em grande quantidade nos hepatócitos sadios e, quando estes se inflamam, elas se espalham pelo sangue. Um nível alto dessas transaminases no sangue é um sinal vermelho para os médicos. Isso pode significar que o paciente esteja com algum problema no fígado.

Alguns medicamentos e ervas podem provocar o aumento dessas transaminases.

Outras doenças, como obesidade e diabetes, também podem elevar os níveis de transaminases no sangue.

Os resultados das transaminases não devem ser utilizados como único parâmetro para avaliar se um paciente precisa ser tratado ou não. Muitas vezes, pessoas infectadas pelo vírus da hepatite C apresentam transaminases normais, mesmo tendo um dano significativo no fígado. Portanto, as transaminases não serão confiáveis, se forem usadas como único parâmetro.

TGP ou ALT ou SGPT ou GPT

TGP é uma enzima cuja produção se encontra mais concentrada, embora não exclusivamente, nas células do fígado. É o dano hepático que a libera na circulação sanguínea. Serve, então, como um indicador bastante específico do estado do fígado.

A produção da TGP não é aumentada somente pela hepatite C, mas também por qualquer tipo de hepatite (por vírus, por drogas, por álcool, por alimentos etc.). Pode ser aumentada também pela morte de células ocasionada por choque tóxico.

TGO ou AST ou SGOT ou GOT

A TGO é normalmente encontrada em diversos tecidos, tais como coração, músculos, rins e cérebro, inclusive no fígado. Será liberada no sangue quando qualquer desses tecidos estiver danificado. Por exemplo, o nível de TGO no sangue aumentará se ocorrerem ataques de coração ou desordens nos músculos. Por isso, não é um indicador altamente específico de dano no fígado.

GGT (Gama Glutamil Transferase ou Transpeptidas)

Assim como a fosfatasse alcalina, essa enzima é produzida nos dutos biliares e pode apresentar-se elevada em pacientes com doenças nesses dutos. Elevações da GGT, especialmente junto com elevações da fosfatasse alcalina, sugerem a existência de doença nos dutos biliares.

O teste de GGT é extremamente sensível e pode apresentar resultados elevados por causa de outra doença – ou até mesmo em indivíduos sem nenhuma disfunção. A GGT é também induzida por muitas drogas, inclusive álcool, e seu nível pode aumentar em pessoas que bebam muito ou até mesmo na ausência de dano hepático ou inflamação.

Genotipagem

Existem muitos genótipos do vírus da hepatite C. Estes variam em relação à resposta ao tratamento. Por isso, o teste de *genotipagem* deve ser realizado, principalmente, diante da necessidade de iniciar o tratamento – já previamente decidido pelo médico e pelo paciente –, pois o resultado desse teste pode determinar o tempo de tratamento e a dosagem dos medicamentos para cada indivíduo. O teste de genótipo não fornece nenhuma informação sobre o prognóstico da progressão da doença no organismo, já que não existe um consenso entre os pesquisadores, até agora, de que há ligação entre o genótipo e a progressão da hepatite C. Sabe-se que cada genótipo tem uma resposta diferenciada para o tratamento com medicamentos. No meu caso, contraí o genótipo 3a, que tem se mostrado não ser o mais resistente aos medicamentos.

Genótipos

Os genótipos 1, 2 e 3 são mais facilmente encontrados na Europa e no Continente Americano, já os outros, como o 4, 5, 6, 7, 8, 9, 10 e 11, podem ser encontrados no mundo todo. O genótipo 1 é o que se mostra mais resistente ao tratamento. Das pessoas tratadas com Interferon Peguilado e Ribavirina, 42%, do genótipo 1, obtêm a cura; 80%, dos genótipos 2 e 3, obtêm a cura; e o percentual restante de cada genótipo corresponde aos "não-respondedores" ao Interferon – aqueles que não respondem ao tratamento e não chegam a zerar a carga viral em nenhum momento do período de aplicação do medicamento – e aos replicantes – aqueles que conseguiram obter o resultado *indetectável*, mas após o término do tratamento o vírus voltou a multiplicar-se até se tornar detectável novamente. Para esses grupos ainda existe a chance do retratamento.

Doenças Que Podem Estar Relacionadas com a Hepatite C

O indivíduo com hepatite C pode desenvolver algumas doenças secundárias decorrentes das alterações que o HCV provoca no organismo, tais como:

- ascite;
- câncer de fígado;
- esteatose;
- cirrose;
- crioglobulinemia (dores nas juntas e articulações, parecidas às da artrite);
- depressão;
- fibroses;
- encefalopatia;
- insuficiência hepática;
- necrose;
- tromboses;
- tumores no fígado;
- inflamação hepática;
- icterícia;
- indigestão;
- hepatite auto-imune.

Capítulo 3

O Vírus e a Transmissão

Como Ocorre a Infecção

Como foi dito anteriormente, a hepatite C é uma doença hepática transmitida por via sanguínea, provocada pelo vírus da hepatite C (HCV), identificado pela primeira vez em 1989.

Quando o vírus entra na circulação sanguínea, ele vai para os hepatócitos (células hepáticas – células do fígado), onde se reproduzirá. O organismo percebe o corpo estranho e o sistema imunológico é ativado, atacando as células do fígado, o que causa a inflamação. Os anticorpos produzidos pelo organismo para combater o vírus, depois de certo tempo, deixam de identificá-lo como corpo estranho, permanecendo a inflamação no organismo do indivíduo já infectado.

A maioria dos portadores do vírus HCV não apresenta nenhum sintoma e outros só terão os possíveis sintomas uns 20 anos após a infecção. Cada pessoa responde à ação do vírus de maneira diferente. Segundo a Organização Mundial da Saúde (OMS), 20% dos infectados ficam livres do HCV de maneira espontânea, alguns meses após a infecção, sem sequer saber que um dia foram infectados; 60% desenvolvem uma infecção de longa duração, que pode não provocar problemas ou provocar problemas moderados ou sérios danos hepáticos após algum tempo; 20% chegarão à cirrose ao longo de 25 anos de infecção e, deste percentual, 10% podem vir a desenvolver o câncer de fígado após 10 anos de cirrose.

Formas de Transmissão

A transmissão do vírus HCV ocorre principalmente por exposição ao sangue infectado. Veja a seguir algumas formas de transmissão:

- Transfusão de sangue infectado, que não foi testado

Hoje os bancos de sangue e os hospitais que trabalham com responsabilidade possuem um sistema rigoroso de análise de sangue. Portanto, essa maneira de contágio não é mais comum.

O que tem acontecido é que muitas pessoas, ao doar sangue nos bancos de sangue, descobrem que são portadoras de Hepatite C.

- Uso compartilhado de seringas e agulhas

Dois terços dos novos casos de infecção pelo vírus HCV estão associados principalmente ao uso de drogas injetáveis. Sabemos que o ideal seria que não houvesse o consumo de drogas, que são extremamente prejudiciais a saúde, em todos os sentidos. Como isso, infelizmente, não corresponde à realidade, para minimizar os riscos, é aconselhável que as seringas e as agulhas para injeção de drogas não sejam compartilhadas e sejam descartáveis.

- Transplantes de órgãos sólidos de um indivíduo infectado

Esta situação é pouco freqüente, pois atualmente o controle do banco de órgãos é rigoroso.

- Realização de práticas médicas sem segurança, higiene e devidos cuidados de esterilização

Os médicos, os dentistas, os enfermeiros e todos os profissionais da saúde devem usar objetos descartáveis, lavar sempre as mãos, esterilizar corretamente os instrumentos, evitar contato direto com o sangue contaminado, enfim, devem cumprir os requisitos de higiene e os procedimentos de trabalho.

- Exposição de profissionais da saúde a sangue contaminado

Os profissionais da saúde devem estar sempre atentos quanto aos procedimentos corretos e à higiene dos instrumentos utilizados.

- Relações sexuais com múltiplos parceiros e sem preservativos

Nas relações sexuais sem preservativos, a probabilidade de contrair o vírus é menos de 3%.

Durante o último congresso da Associação Americana para o Estudo de Doenças do Fígado (AASLD - American Association for the Study of Liver Diseases), foi apresentado um interessante estudo, realizado pelo Dr. Norah Terrault e sua equipe da Universidade da Califórnia, nos Estados Unidos, com o objetivo de mensurar a transmissão sexual da hepatite C, pois essa forma de transmissão é altamente controversa. Esse estudo trouxe esclarecimentos sobre as possibilidades da transmissão entre parceiros estáveis monogâmicos.

Foram entrevistados 2.077 casais, em que um dos parceiros estava infectado pelo vírus da hepatite C. No entanto, como o objetivo do estudo era pesquisar o parceiro heterossexual e monogâmico que tivesse um relacionamento de mais de três anos com o portador, que não apresentasse histórico de uso de drogas injetáveis nem contaminação com HIV/Aids ou hepatite B e que não tivesse feito nenhum tipo de transplante, apenas 672 casais poderiam de fato participar desse estudo. Dos 552 que aceitaram participar, 500 finalizaram o estudo. A faixa etária média dos participantes era de 49 anos. Esses casais mantinham relacionamento sexual há 16 anos, com uma freqüência média de 0,3 a 24,4 vezes por mês. Oitenta por cento deles havia utilizado preservativos alguma vez, mas somente 17% faziam uso regular ou freqüente. Dos 500 parceiros participantes, 20 (4%) apresentaram um Anti-HCV positivo e, destes, 12 (2,4%) tiveram o vírus detectado pelo PCR *qualitativo*.

Entre os parceiros Anti-HCV positivo, verificou-se um percentual maior de pessoas com tatuagens (45% em comparação a 15% do restante do estudo), assim como índices superiores em práticas com o uso de agulhas, como acupuntura, e cortes com instrumentos compartilhados, como lâminas de barbear ou instrumentos de manicure, e um número maior de relações sexuais com diferentes parceiros antes da relação monogâmica.

Realizada a genotipagem, somente 9 pessoas, que mantinham relações com seus parceiros infectados, apresentaram o mesmo genótipo do seu parceiro, descartando-se, então, que a contaminação destes pudesse ter ocorrido através do parceiro que estava infectado.

Em relação às pessoas que apresentaram o mesmo genótipo que seus parceiros, observou-se que as relações sexuais eram mais freqüentes, assim como também era maior o compartilhamento de lâminas de barbear e instrumentos de manicures.

Os autores concluem que a incidência da hepatite C em parceiros de portadores do vírus é de 4%. No entanto, como 40% deles apresentaram um genótipo diferente, o que descarta a possibilidade de contaminação sexual pelo parceiro infectado, pode-se dizer que a incidência real foi de 2,2%.

O Dr. Terraul afirma que o tempo de relacionamento ou o uso de preservativos não afetaram o índice de transmissão e recomendou a realização de novos estudos para avaliar se o tipo de relacionamento sexual ou a maneira como ele ocorre estão associados à transmissão do vírus.

No parto, de mãe para filho

A probabilidade de transmissão da mãe para o filho no momento do parto é de 4%, no caso de parto normal, e de 6%, no caso de cesariana. O risco existe a partir do momento em que a bolsa estoura e o líquido amniótico sai. Então, é indicado que o parto seja realizado imediatamente.

Durante a amamentação, caso o mamilo tenha rachaduras com sangramento e o bebê entre em contato com o sangue, existe probabilidade de transmissão da doença. A mãe deverá aguardar até que o mamilo cicatrize para voltar a amamentar. O problema, então, está no contato com o sangue, e não na amamentação. A mãe pode e deve amamentar, mas somente se o mamilo estiver íntegro, sem sangramentos. O aleitamento materno é importantíssimo para o bom desenvolvimento e crescimento do bebê. O leite materno é rico em vitaminas, minerais, proteinas, gorduras, carboidratose e em anticorpos, que deixam o bebê menos suscetível a doenças e infecções.

Pessoa da família portadora do vírus

A contaminação dentro de casa dificilmente ocorre, mas alguns cuidados devem ser tomados. Não se deve compartilhar escovas de dente, objetos cortantes como gilete, alicates de unha, seringas, aparelhos de barbear, entre outros. O contato com sangue contaminado só transmite o vírus se a pessoa tiver alguma lesão na pele, uma ferida aberta pela qual o vírus possa penetrar na corrente sanguínea. A transmissão não ocorre por meio de beijos, abraços, espirros, tosses, suor, alimentos, água, amamentação (desde que os mamilos estejam íntegros) ou por compartilhar garfos, colheres e copos. O vírus não é encontrado nos fluidos corporais como saliva, suor, esperma, urina, lágrimas etc.

Uso de instrumentos cortantes ou para tatuagens, colocação de *piercings* e brincos

Segundo Carlos Varaldo, presidente do Grupo Otimismo, salões de beleza e estúdios de tatuagem são responsáveis por um terço dos novos casos de hepatite C no País.

Engana-se quem acredita que o alicate de manicure esteja esterilizado e, portanto, livre dos vírus e microorganismos patogênicos só porque ele esteja quente ou tenha sido desinfetado com álcool. A maioria das estufas encontradas nos salões de beleza, aquelas com tampas de vidro, não realizam uma esterilização adequada. A estufa indicada para higienizar os instrumentos de manicure é toda de metal, é maior e é fechada. Age como o autoclave, esterilizador que utiliza vapor a alta pressão. Os prazos e as temperaturas de uma hora a 170°C ou duas horas a 160°C devem ser respeitados, para que, de fato, as estufas esterilizem os instrumentos.

Aqui no Brasil, temos o hábito errôneo de retirar a cutícula na hora de fazer as unhas e a grande maioria não tem seus próprios instrumentos. O ideal é que a cutícula seja simplesmente empurrada ou que seja retirado apenas o excesso, utilizando-se os instrumentos da própria cliente e com esterilização correta destes. Dependendo da carga viral do portador, que, às vezes, nem sequer sabe que está infectado, uma vez que a doença avança silenciosamente, o vírus resiste até três dias no ambiente e nos instrumentos. Ele é muito mais resistente do que o vírus da Aids/HIV, que, em tese, também pode ser transmitido no salão de beleza, através de instrumentos contaminados.

O procedimento de empurrar em vez de cortar a cutícula é indicado por profissionais de saúde para evitar riscos de infecções, principalmente no caso do vírus da hepatite C. Essa nova técnica já é ensinada desde 2004 nos cursos profissionalizantes do Centro de Tecnologia em Beleza do Senac, por exemplo. O novo método é mais seguro e prático, pois não há o risco de machucar a cliente, sem contar que as unhas também ficam bem bonitas. Deixar as unhas muito curtas, rentes ao sabugo, também é uma forma de deixar as portas abertas para a entrada de micro-organismos oportunistas.

Volto a dizer que a hepatite C é transmitida por sangue contaminado. O HCV é mais resistente do que o HIV. O vírus da hepatite C consegue resistir até três dias no ambiente,nos instrumentos de manicure, giletes e seringas. Pode provocar cirrose, entre outras doenças, podendo levar o indivíduo a óbito.

Grupos de Risco

Alto Risco – As pessoas que pertencem ao grupo de alto risco e que, portanto, devem fazer teste de HCV são, principalmente, aquelas que:

- já fizeram tatuagens e/ou colocaram *piercings*;
- usaram drogas injetáveis pelo menos uma vez;
- receberam fatores sangüíneos antes de 1993;
- receberam transfusões de sangue antes de 1993;
- receberam órgãos doados antes de 1993;
- fazem hemodiálise (filtram o sangue em máquinas por causa de complicações nos rins);
- apresentam exames anormais de transaminases (TGO e TGP);
- apresentam algum dano hepático;
- trabalham como profissionais da saúde e sofreram acidente de trabalho;
- sofreram acidente e tiveram contato com sangue contaminado;
- são filhos de mães contaminadas;
- têm HIV positivo;
- possuem muitos parceiros sexuais ou parceiros infectados;
- fizeram tatuagens e/ou colocaram *piercings*;
- compartilham objetos cortantes (alicate de unha, lâmina, seringas, agulhas etc.).

Baixo Risco – Embora o risco seja muito baixo, todas as pessoas a seguir relacionadas devem fazer o teste:

- profissionais da saúde que não foram expostos ao HCV ou sofreram acidente de trabalho;
- familiares e companheiros de portadores de HCV;
- mulheres grávidas ou que estão amamentando;
- pessoas que já fizeram cirurgias e/ou receberam transfusões de sangue após 1993.

Capítulo 4

Tratamento

Tratar ou Não Tratar?

Passados entre seis meses e um ano do diagnóstico e com os resultados de todos os exames listados, e ainda muitos outros como hemogramas, exames de doenças auto-imunes etc., o médico terá condições de fazer uma avaliação correta e então sugerir ou não o tratamento. Se o dano existente no fígado, mostrado pela biópsia, for considerável e outros exames mostrarem alterações, então o tratamento deverá ser proposto. Mas, se o dano no fígado for pequeno, ou se não existir, e os outros resultados confirmarem pouca atividade do vírus, a recomendação médica em geral será simplesmente o acompanhamento a cada três ou seis meses.

Essa recomendação é valiosa, porque nem todos os infectados precisam ser tratados imediatamente. Se o paciente se guiar pelas propagandas dos fabricantes de medicamentos, que consideram a hepatite C uma "assassina silenciosa", que leva à cirrose, ao câncer e acaba matando, então vai querer iniciar logo qualquer tratamento, independentemente do preço e dos fatores colaterais. De fato, a hepatite C é uma doença preocupante, mas não é o bicho-de-sete-cabeças que as propagandas mostram. De cada 100 pessoas infectadas, 80 morrerão de velhice sem ter desenvolvido uma cirrose, por exemplo, ou seja, morrerão de velhice ou de qualquer outra causa, sem nenhum problema grave no fígado. Morrerão com a hepatite C, mas não por causa dela.

Segundo os médicos, o tratamento deve ser iniciado somente se o organismo estiver caminhando para um dano no fígado que possa ser irreversível ou prejudicar a saúde e a qualidade de vida. Isso porque o tratamento disponível atualmente, dependendo do genótipo, consegue curar apenas 50% dos pacientes tratados. Não é fácil seguir esse tratamento, pois ele pode provocar muitos efeitos colaterais e adversos e ainda, em alguns casos, desencadear outras doenças no organismo.

Assim, antes de optar pelo início do tratamento, o paciente e seu médico devem analisar todos os aspectos e pensar duas vezes antes de tomar qualquer decisão. Se ainda estiver com dúvidas, o melhor será consultar outro médico especialista para obter uma segunda opinião e comparecer a alguma reunião de um grupo de apoio a portadores para ouvir as experiências de outras pessoas. Nestes grupos o paciente tem a oportunidade de compartilhar as próprias experiências, medos e ansiedades e só então estará apto a decidir, junto com seu médico, se vai iniciar o tratamento ou não.

Para uma pessoa sadia, sem outras doenças, com pouco ou nenhum dano no fígado, esperar quatro ou cinco anos não fará grande diferença. Deve-se lembrar que a hepatite C é uma doença cujos efeitos são lentos e para a maioria das pessoas leva décadas para provocar um dano hepático significativo. Se este for o seu caso, mantenha controles semestrais, siga as recomendações do médico e do nutricionista, mantenha-se saudável e aguarde por novos tratamentos com menores efeitos colaterais.

A Busca pelo Tratamento

Ainda que não haja muitos médicos especialistas em hepatite C no Brasil, é importante que se busque um profissional com experiência nessa doença.

Os convênios médicos ou seguros-saúde normalmente têm profissionais especializados, mas podem não cobrir as despesas, dependendo do contrato. Tanto os exames necessários para o diagnóstico quanto o tratamento da hepatite C custam caro, e, se o paciente não conseguir utilizar os serviços do convênio, o sistema de reembolso ou o Sistema Único de Saúde (Saúde Pública), terá uma despesa alta.

Os pacientes que não possuem um bom plano ou seguro-saúde podem procurar o SUS para o tratamento gratuito. No entanto, apenas os centros referenciados para os cuidados da hepatite C oferecem o tratamento.

Na seção *Médicos – Hospitais* da página da Internet www.hepato.com ou no "Disque-Saúde" do Ministério da Saúde, 0800-61.1997, o paciente poderá encontrar uma relação completa dos profissionais e hospitais especializados em hepatite C.

Tratamentos

Os genótipos 1, 2 e 3 são os mais conhecidos aqui no Brasil. Já os 4, 5, 6, 7, 8, 9, 10 e 11 são mais facilmente diagnosticados em outros países, como os da Europa e Ásia.

Aqui, o genótipo 1 é o mais comum e também o que se mostra mais resistente ao tratamento. Das pessoas com esse genótipo tratadas com Interferon Peguilado e Ribavirina, 42% têm alcançado a cura.

Das pessoas diagnosticadas com genótipos 2 e 3, tratadas com os mesmos medicamentos, 80% têm alcançado a cura.

O percentual restante de cada grupo (58% com o genótipo 1 e 20% com os genótipos 2 e 3) compreende os não-respondedores ao Interferon, aqueles que não respondem ao tratamento e, portanto, não chegam a zerar a carga viral em nenhum momento do período de aplicação do medicamento e os replicantes, aqueles que conseguiram obter nos exames, durante o tratamento, o resultado *indetectável*, porém, ao término do tratamento, o vírus voltou a se multiplicar, até se tornar detectável novamente. Para esses dois grupos, os não-respondedores e os replicantes, existe a possibilidade do retratamento.

Tratamento da Hepatite C em Pacientes com Transaminases Normais

Tradicionalmente, pacientes com transaminases normais (TGP ou ALT) não recebiam indicação para iniciar o tratamento. Logo depois da descoberta do HCV, os médicos acreditavam que pacientes com transaminases normais não apresentavam danos hepáticos ou progressão da doença.

Estudos recentes realizados pela Roche e coordenados pelo Prof. Stefan Zeuzem, diretor do departamento de Medicina Interna do Hospital Universitário em Homburg, Alemanha, e investigador líder, mostram, contudo, que as transaminases normais não são um marcador confiável, pois não refletem precisamente a condição do fígado do paciente.

O estudo global feito pela Roche com 514 pacientes em diversos países (Austrália, Áustria, Brasil, Canadá, França, Alemanha, Itália, México, Nova Zelândia, Portugal, Espanha, Suíça e Estados Unidos) avaliou a eficácia e a segurança de Pegasys – Interferon Peguilado (180 mcg por semana) e Copegus – Ribavirina (800 mg por dia) no tratamento de pacientes com níveis persistentemente normais de TGP, durante 24 ou 48 semanas, dependendo do genótipo. Este estudo teve como grupo controle o grupo sem tratamento, uma vez que o não-tratamento é considerado o padrão neste grupo de pacientes com os transaminases normais.

No estudo, pacientes com níveis normais de transaminases (TGP) alcançaram resposta virológica sustentada (RVS ou cura), semelhante à resposta alcançada pelos grupos de pacientes com transaminases anormais e que normalmente são indicados ao tratamento com Pegasys em terapia combinada com Ribavirina.

Do total de pacientes infectados e com níveis normais de transaminases (TGP), que foram tratados, 52% obtiveram resposta sustentada (cura), enquanto nenhum a obteve no grupo controle. No grupo dos indivíduos com genótipos 2 e 3 e TGP normais, 72% dos pacientes que foram tratados por 24 semanas obtiveram resposta virológica sustentada (RVS). Já no grupo de pacientes com o genótipo 1, considerado de difícil tratamento, que foram tratados por 48 semanas, 40% dos pacientes infectados atingiram RVS (cura).

Historicamente, a classe médica acreditava que, nos pacientes com TGP normal, as terapias à base de Interferon poderiam causar alterações nos níveis de TGP ou elevá-los para níveis anormais, levando a complicações. Mas, neste estudo, o oposto mostrou-se verdadeiro e os níveis de TGP realmente diminuíram através do tratamento.

Os pacientes que conseguiram a cura relataram que após o tratamento obtiveram melhor qualidade de vida e um grau menor de fadiga. Aqueles que não conseguiram a cura não obtiveram essa melhora na qualidade de vida.

Apesar de o estudo mostrar que existem benefícios a serem alcançados e que se pode evitar a progressão "silenciosa" do dano hepático, com o tratamento, a decisão de iniciá-lo ou não deve ser cuidadosamente avaliada pelo paciente e pelo médico. Deve-se levar em conta fatores psicológicos, emocionais, físicos e clínicos. É importante que o médico e o paciente estudem o caso e avaliem se o tratamento deve ser iniciado imediatamente ou se o paciente pode aguardar alguns anos, até que sejam lançados novos tratamentos, com menos efeitos colaterais, e que ofereçam maior chance de resposta positiva em menor tempo.

A biópsia, também, é um exame muito importante que deve ser levado em conta, pois serve como base para se decidir ou não pelo tratamento e também como um prognóstico da resposta esperada. A realização de um bom exame patológico poderá, ainda, avaliar a existência de outras causas, além da hepatite C, que podem ter influência no dano existente no fígado. O tratamento sempre deve ser realizado quando a biópsia indicar uma fibrose F2, de grau 2 ou maior (escala Metavir). Em casos de dano hepático menor, os prós e os contras de se iniciar logo o tratamento devem ser discutidos abertamente entre o médico e o paciente.

Os melhores resultados do tratamento com Interferon e Ribavirina são obtidos entre os pacientes infectados com os genótipos 2 ou 3 do vírus, ainda sem cirrose desenvolvida, com uma carga viral abaixo de 600.000 UI/ml ou 6,3 log. – dependendo dos testes utilizados, pois ainda não estão todos padronizados –, e mulheres jovens, brancas, latinas, magras, com pouco tempo de contaminação e sem depósito de gordura no fígado. Pacientes infectados com os genótipos 2 ou 3 requerem somente 24 semanas de tratamento, com Interferon Peguilado uma dosagem de Ribavirina de 800 mg/dia. O índice de cura desses pacientes é superior a 70%, observando-se pouca diferença entre o uso do Interferon Peguilado ou do Interferon convencional. Todos os pacientes com genótipos 2 e 3 devem completar as 24 semanas de tratamento.

Aqueles que não conseguem negativar o vírus ou não conseguem baixar a carga viral em 100 vezes do valor inicial em UI/ml, na décima segunda semana de tratamento, dificilmente conseguirão a resposta sustentada no final deste. Esse é um dado muito importante para a possível interrupção do tratamento, uma vez que dificilmente o paciente obterá resposta positiva se não tiver conseguido isso até a décima segunda semana. Esta decisão deve ser tomada em consenso com o médico.

Portadores do genótipo 1 do vírus precisam de 48 semanas de tratamento, de preferência com Interferon Peguilado e uma dosagem de Ribavirina entre 1.000 e 1.200 mg/dia, dependendo do peso. O índice de cura desses pacientes varia entre 40% e 44%, com o uso de Interferon Peguilado, e entre 28% e 32%, com o uso de Interferon convencional. O tratamento de pacientes do genótipo 1 deverá ser descontinuado ou interrompido se não houver resposta na décima segunda semana, no caso de Interferon Peguilado, ou na vigésima segunda semana, no caso de Interferon convencional, pois dificilmente o paciente obterá uma resposta positiva ao final das 48 semanas de tratamento. A resposta esperada é a carga viral indetectável no exame de PCR.

A carga viral em todos os casos não indica maior ou menor dano hepático, nem sequer maior ou menor agressividade do vírus. A carga viral é somente um prognóstico da resposta que o tratamento poderá apresentar. Só existe real necessidade de realizar o teste de carga viral antes de se iniciar o tratamento com Interferon Peguilado, um outro durante o tratamento e um outro ao final do tratamento, se este for até o final. Todos os outros testes devem ser PCRs qualitativos, mais baratos, sensíveis e seguros.

Todos os genótipos são iguais em relação à progressão da doença ou à agressividade do vírus. A diferença entre eles está na resposta esperada com o tratamento e na duração deste, como já foi dito.

Os pacientes com os históricos a seguir relacionados devem ser avaliados e ter acompanhamento clínico, mas não devem ser tratados com medicamentos:

- ascite abdominal;
- encefalopatias;

- sangramentos no esôfago;
- confusão mental;
- problemas no coração;
- problemas na tireóide;
- problemas pulmonares;
- dores e/ou infecções nos rins;
- histórico de depressão;
- tendência suicida;
- HIV positivo (dependendo do caso, se estiver imunodeprimido);
- uso de medicamento anti-rejeição por causa de transplante;
- consumo abusivo de álcool ou drogas;
- gravidez ou suspeita de gravidez.

Efeitos Colaterais Durante o Tratamento

Um dos principais problemas durante o tratamento é a alteração constante de humor. Alguns pacientes ficam muito agressivos e podem até ter depressões severas. É importante que os familiares, os colegas de trabalho e os amigos saibam do tratamento para que possam ajudar e para que tenham mais paciência com a pessoa que está em tratamento.

Os sintomas físicos podem incluir os sintomas de gripe, dores no corpo, fadiga, náuseas e falta de apetite. Além disso, o medicamento pode induzir à anemia ferropriva, pois o vírus da hepatite C alimenta-se de ferro. A anemia ferropriva caracteriza-se pela falta de ferro no organismo. O ferro participa do transporte de oxigênio para todos os tecidos do organismo, pois é um constituinte das hemoglobinas, proteínas responsáveis por esse transporte. A falta de ferro diminui a disponibilidade de oxigênio para os tecidos e isso pode provocar fraqueza, desmaios, tonturas e cansaço.

Durante o tratamento, também poderá ocorrer, com freqüência, ressecamento da boca. Assim. é importante que o paciente beba bastante água. Beber água, além de diminuir os efeitos colaterais dos remédios, evita a infecção renal.

Após algumas semanas de tratamento, pode ocorrer queda de cabelos e pêlos do corpo. A perda é parcial e, ao término do tratamento, o cabelo volta a nascer novamente.

O período do tratamento é um momento delicado na vida do paciente, pois os possíveis efeitos colaterais são fortes e o tratamento não deve ser interrompido sem ordem médica. Por isso, o portador da hepatite C, principalmente o que vai iniciar o tratamento, não deve esconder o diagnóstico de seus amigos e familiares, pois eles darão apoio, segurança e serão importantes aliados na luta diária contra a doença.

Retratamento para os Não-respondedores e os Replicantes

Não são todos os pacientes que conseguem, durante o tratamento de seis meses ou de um ano ou após o seu término, obter exames de PCR com o HCV *indetectável*.

Os não-respondedores são os pacientes que não conseguiram tornar o vírus *indetectável* em nenhum momento do tratamento com Interferon Peguilado e Ribavirina, mesmo sem interrupções nas aplicações e fazendo uso da correta dosagem dos medicamentos. Para esse grupo, a probabilidade de resposta positiva, no caso de retratamento, é remota, pois o vírus da hepatite C pode ter se mostrado resistente ao Interferon.

Os replicantes são aqueles que chegaram a atingir níveis *indetectáveis* de PCR, mas, após o término do tratamento, o vírus da hepatite C voltou a se multiplicar, tornando-se detectável novamente. Esse grupo se mostra respondedor ao Interferon e tem mais chances de alcançar a cura com o retratamento.

Novas pesquisas têm sido realizadas e novos tratamentos e medicamentos estão sendo desenvolvidos e testados, e isso poderá trazer grandes novidades aos portadores de hepatite C.

Medicamentos

Interferon e Interferon Peguilado (Pegasys é uma das marcas comerciais dos peguilados; a outra é o PEG-INTRON) são citocinas sintetizadas em resposta a estímulos virais, estímulos de outros microorganismos ou induzidos por eles e por produtos bacterianos. Existem os Interferons Alfa, Beta e Gama. O Interferon Alfa é constituído por uma família de mais de 15 proteínas com atividades semelhantes e, assim como o Beta, produzido por células endoteliais, macrófagos, fibroblastos e osteoblastos.

Os Interferons possuem atividade antiviral e efeito antitumoral, podendo induzir à febre. Sua produção durante infecções é benéfica, porque eles ajudam a dominar a infecção, mas podem provocar reações alérgicas e auto-imunes. Os Interferons estão sendo utilizados nos tratamentos de câncer e infecções virais.

O Interferon é uma proteína mensageira produzida pelo organismo em reação à infecção por vírus. Acredita-se que iniba a reprodução dos vírus e melhore as atividades protetoras do sistema imunológico. O tratamento monoterápico, somente com Interferon, é eficaz em aproximadamente 25% dos casos de hepatite C.

O tratamento combinado com Ribavirina aumenta a resposta para aproximadamente 45%. A combinação do novo Interferon Peguilado com a Ribavirina consegue eliminar o vírus em até 56% dos pacientes tratados, dependendo do genótipo, entre outros fatores.

O Interferon tem efeito antiviral, antifibrótico e imunomodulador, ou seja, além de combater os vírus, ele ajuda na regeneração das células hepáticas, alterando a resposta moduladora do organismo, o que pode "despertar" doenças auto-imunes, como psoríase, diabetes, lúpus, tireoidismo etc., em pessoas que estavam convivendo normalmente com elas.

O Interferon Peguilado, quanto ao princípio ativo, é semelhante ao Interferon normal. A peguilação adiciona à molécula de Interferon uma molécula de polietilenoglicol, produto inerte que consegue alterar a cinética do fármaco e fazer com que ele seja absorvido mais lentamente pelo organismo, de maneira mais contínua, alterando totalmente sua forma de atuar. O polietilenoglicol (PEG) é um polímero sintético e inerte, de cadeia longa, que envolve totalmente a molécula de Interferon, aumentando seu tamanho e diminuindo sua eliminação pelos rins. Portanto, aumenta significativamente seu tempo de circulação na corrente sanguínea.

Um dos benefícios dessa alteração é o de ser necessária apenas uma aplicação semanal, em comparação com as três aplicações do Interferon convencional. Isso, com certeza, traz um grande conforto ao paciente.

Mais ainda, o Interferon Peguilado permanece atuante no organismo por até sete dias, diferentemente do Interferon convencional, cujo tempo de ação é de duas a sete horas. Isso garante maior eficácia na resposta ao tratamento.

Os pacientes tratados com o Interferon Peguilado demonstram maior empenho e aceitação do que aqueles tratados com o convencional, ou seja, maior número deles consegue completar o tratamento quando usam o Interferon Peguilado. Os efeitos colaterais dos dois tratamentos são praticamente iguais, no entanto, há diferenças, como a queda das plaquetas, que são mais intensas e mais preocupantes nos indivíduos tratados com Interferon convencional. Outra diferença significativa é a freqüência de aplicação. Como já foi dito, enquanto o Interferon convencional deve ser aplicado três vezes por semana, o Interferon Peguilado deve ter aplicação semanal.

Para o êxito do tratamento, é muito importante que o paciente siga os horários corretos e a freqüência para a aplicação do medicamento, administrando as doses corretas. O tratamento deve ser levado a sério, sem interrupções e pausas. Se alguns destes fatores não estiverem sendo seguidos, o médico deverá ser avisado.

Os efeitos colaterais que podem estar associados à terapia de combinação dos medicamentos Interferon e Ribavirina são: febre alta, dificuldade para respirar, dores no tórax, no estômago ou no baixo ventre, diminuição da visão, difícil cicatrização de feridas, vômitos, diarréias e destruição ou diminuição das células vermelhas e dos glóbulos brancos, o que pode resultar em anemia. Também foram relatadas desordens psiquiátricas, inflamações nos olhos, nos pulmões ou nos rins, agressividade e variações de humor. Se o paciente sentir quaisquer desses sintomas, deverá informar seu médico.

Outros fatores que podem aparecer e que são menos preocupantes são: alterações na glicemia (taxa de glicose sanguínea), sensação similar a um estado gripal, dor de cabeça, cansaço, dor muscular, ressecamento da boca e dos olhos, sensação de frio e calor, falta de apetite, perda parcial de cabelos e pêlos, vermelhidão e coceira no local das aplicações e alterações na pele.

A depressão é um efeito colateral bastante comum e muito preocupante, pois, em alguns casos, pode mostrar-se severa. Por isso o apoio de familiares e amigos é importantíssimo para o paciente antes, durante e após o tratamento.

A terapia de combinação dos medicamentos é associada também ao risco significativo de desenvolvimento fetal anormal. Diante disso, o tratamento não é indicado às mulheres grávidas.

Recomenda-se que a aplicação da injeção (na parte do abdômen ou na parte externa da coxa) seja feita à noite, para que efeitos colaterais aconteçam durante o sono. O paciente deve observar quando começam e quanto duram os efeitos colaterais mais severos e calcular o melhor momento para a injeção.

Ribavirina

Muitos pacientes com hepatite C mostram uma resposta bioquímica clara à Ribavirina, baixando os níveis das transaminases. Porém, somente a Ribavirina não produz a negativação do vírus da hepatite C circulante no sangue. Muitas recaídas acontecem depois que se interrompe a droga. Atualmente, a Ribavirina é indicada junto com o Interferon para pacientes com hepatite C. A droga também é usada para tratar infecções severas de recém-nascidos com o vírus *syncytial* respiratório, que é a infecção mais comum do trato inferior do sistema respiratório nas crianças.

Pacientes com problemas cardíacos não devem fazer uso de Interferon e Ribavirina. Recomenda-se, nesses casos, o uso de um novo tipo de Interferon, o Infergen, que é obtido por bioengenharia.

A Ribavirina ataca e destrói o HCV gerando mutações em excesso na célula viral, alterando e deformando seu material genético, o RNA. Os vírus de RNA, como o HIV e os vírus da *influenza*, têm como característica produzir uma mutação naturalmente alta, para evitar e escapar à maioria dos tratamentos e vacinas.

A molécula de Ribavirina pode modificar o lugar de atuação da droga, o que significa que o vírus enxertaria a Ribavirina equivocadamente nas cópias recentemente formadas de seu genoma de RNA. Essa inserção de Ribavirina no vírus RNA pode criar mutações genéticas de uma cultura do vírus que cresce nas células. Quanto mais drogas eles agregarem aos novos RNAs, mais mutações serão geradas e, com o número de mutações aumentado, menos e menos vírus conseguirão sobreviver. Nas mais altas concentrações de Ribavirina testadas, somente uma em cada dez milhões de partículas do vírus sobreviveu.

Transplante de Fígado

O transplante de fígado não representa a cura para os portadores de hepatite C, pois o vírus pode estar na circulação sanguínea e atacar o novo órgão transplantado. Apesar disso, o transplante pode ser uma forma de os pacientes em estado grave suportarem um tratamento. Os transplantados permanecem com boas condições de vida para realizarem o tratamento, aumentando a possibilidade de êxito.

Cura

Fiquei muito surpresa quando li na Internet e também no livro de Carlos Varaldo, *A cura da Hepatite C*, que havia essa possibilidade para a doença. Quando recebi o diagnóstico, saí do consultório arrasada, mesmo conhecendo a Deus e confiando n'Ele. Não sabia o que pensar porque acreditava que para a hepatite C não havia cura. Em razão disso, fui buscar mais informações sobre a doença e descobri tudo o que estou compartilhando com vocês neste livro.

A recuperação total é alcançada quando a carga viral resulta *indetectável* ao final do tratamento e permanece assim seis meses após o término do tratamento.

Esses indivíduos, que conseguem ter o exame de PCR *indetectável* após seis meses do término do tratamento, têm grandes chances de alcançar a cura completa (resposta virológica sustentada) e ficar totalmente livres do vírus. Isso porque a replicação (multiplicação) do vírus da hepatite C é muito rápida (um trilhão por dia) e, se mesmo após o término do tratamento, algum vírus ainda estivesse presente no organismo do indivíduo, provavelmente teria se replicado em um valor bem acima do detectável pelo exame de PCR (6 VHC por ml de sangue) nos seis meses seguintes ao término do tratamento.

No caso de cura comprovada após seis meses do término do tratamento, a eliminação completa do vírus capacita o fígado não-cirrótico a se regenerar a longo prazo. As células hepáticas têm essa capacidade de regeneração.

Por precaução, o paciente deve realizar o teste de PCR durante muitos anos após o final do tratamento, para certificar-se da resposta sustentada, ou seja, da cura.

No caso de Carlos Varaldo, fundador do Grupo Otimismo, por exemplo, o tratamento foi realizado de 1995 a 1997, com algumas pequenas interrupções em razão dos efeitos colaterais dos medicamentos. Ele obteve o PCR *indetectável* e seus exames mantiveram-se negativos após seis meses do término do tratamento; por isso, pode ser considerado curado. Nos exames feitos em 2004, oito anos após o término do tratamento, os resultados continuavam negativos e o vírus, *indetectável*, comprovando a cura e a resposta virológica sustentada.

Agora que você sabe que há a possibilidade de cura pela medicina, não fique ansioso para iniciar o tratamento. O médico, juntamente com o paciente, deve avaliar a necessidade de tratamento e o momento certo de iniciá-lo. O importante é fazer tudo com orientação de um profissional e no tempo certo. Enquanto isso, siga as recomendações dadas por seu médico e seu nutricionista e confie em Deus.

Capítulo 5

Mantendo a Saúde

Fatores Que Influenciam a Saúde

Chegar ao peso ideal, ter uma alimentação saudável (rica em frutas, verduras, pães, grãos e cereais integrais, carnes grelhadas, leite etc.) e ter um programa regular de atividades físicas podem trazer melhorias contínuas e significativas nos níveis das transaminases, no dano hepático, na redução do nível de glicemia em jejum e na diminuição da progressão da doença.

Enquanto o peso ideal é um fator positivo para a melhora na qualidade de vida, o excesso de peso é um fator de risco quanto à progressão das fibroses em pessoas que apresentam doenças do fígado como a hepatite C, por causa do depósito de gordura neste órgão.

Um estudo realizado na Austrália e publicado na edição do jornal *GUT*[*] pesquisou o efeito que um programa continuado de

---

* *Fonte*: GUT (Journal) Dres. I. J. Hickman, J. R. Jonsson, J. B. Prins, S. Ash, D. M. Purdie, A. D. Clouston and E. E. Powell – School of Medicine, University of Queensland and Princess Alexandra Hospital, Brisbane, Austrália.

atividade física de 15 meses acompanhado da redução de peso do paciente pode ter em relação às transaminases e ao nível de glicose no sangue. Foi observada uma diminuição considerável do nível de glicose em jejum e uma redução considerável das transaminases (ALT ou TGP), que é a mais diretamente ligada à atividade enzimática no fígado. A qualidade de vida dos pacientes participantes do estudo também melhorou substancialmente.

Esses resultados mostram a importância de os portadores de hepatite C manterem o peso ideal e um programa regular de atividades físicas, pois, assim, podem conseguir reduzir consideravelmente o avanço da doença.

Portanto, manter o peso ideal é importante para melhorar a resposta ao tratamento. A interpretação dos dados a seguir mostra a importância de tentar obter o peso ideal antes do início do tratamento, pois a gordura é um fator negativo na resposta ao tratamento. Então, como já disse, uma dieta saudável, balanceada e um bom programa de atividades físicas poderão dar ao paciente melhores chances de alcançar a cura através do tratamento.

O estudo publicado por McHutchison* procurou demonstrar a importância do peso do paciente na resposta ao tratamento com monoterapia de Interferon convencional de 3 MU (milhões de unidades), o qual pode, com índices diferentes, ser aplicado também ao tratamento com Interferon Peguilado.

---

* *Fonte*: McHutchison J. G., Poynard T., Salpetriere P., et al. Patient body weight and response to interferon alfa 2b monotherapy [abstract no. 998]. In: 52nd Annual Meeting of the American Association for the Study of Liver Diseases (AASLD); 2001 Nov 9-13; Dallas, Texas. Hepatology 2001; 34(4 Pt 2):407A.

Esse estudo revelou que: das pessoas com peso inferior a 55 quilos, 32% responderam bem ao tratamento; das pessoas com peso entre 55 quilos e 75 quilos, 19% responderam ao tratamento; das pessoas com peso entre 75 quilos e 95 quilos, 13% responderam ao tratamento; e das pessoas com peso acima de 95 quilos, somente 9% responderam.

Não podemos nos esquecer de que, além do peso ideal, o apoio das pessoas amadas, o otimismo, a fé, a esperança e a informação são essenciais para a boa resposta à doença.

Alimentação

A alimentação tem como finalidade nutrir o ser humano, dar energia para a manutenção das atividades diárias, promover qualidade de vida e manter o metabolismo do corpo saudável. Isso tudo deve estar sempre associado à prática regular de atividade física.

A seguir pretendo discorrer sobre a importância de ter uma alimentação saudável. Não entrarei no mérito das recomendações nutricionais para portadores de doenças específicas decorrentes da hepatite C, como a cirrose, ascite etc. Explicarei de forma genérica a importância dos macro e micronutrientes para o bom funcionamento do organismo.

Já foi dito que é essencial para o portador de hepatite C manter o peso ideal, independentemente de estar em tratamento ou não. Para isso, a dieta deve ser balanceada, com quantidade e diversidade adequadas; deve haver harmonia entre a proporção dos macronutrientes (carboidratos, gorduras e proteínas) e dos micronutrientes (vitaminas e minerais); deve ter qualidade, alimentos variados e equilíbrio em relação à proporção de cada macro e micronutriente.

A energia que nosso corpo recebe através da alimentação provém de três macronutrientes presentes nos alimentos: os carboidratos, as proteínas e as gorduras.

Carboidratos

Os carboidratos são açúcares que dão energia ao corpo para cumprir as atividades do dia e devem ser a base da alimentação, preenchendo de 55% a 60% das necessidades calóricas do indivíduo em todas as refeições do dia. No grupo dos carboidratos estão pães, arroz, cereais, tubérculos (batata, mandioca, mandioquinha, batata-doce etc.), frutas, verduras, mel, melado, entre outros.

Os alimentos ricos em carboidratos devem ser selecionados com sabedoria. É importante variar a dieta de acordo com as necessidades nutricionais de cada indivíduo. Os pães, os grãos, o arroz e os cereais mais nutritivos são os integrais, pois não passaram por muitos processos de refinamento e têm um índice glicêmico menor. O índice glicêmico classifica os alimentos ricos em carboidratos levando em conta a sua capacidade de elevar o nível de glicose no sangue, quando comparados a um alimento referência. Quando o indivíduo ingere um alimento com menor índice glicêmico, este é absorvido mais lentamente pelo organismo, fazendo com que a glicemia (taxa de açúcar no sangue) não se eleve e, posteriormente, se abaixe de maneira rápida. Isso é bom, pois dá maior saciedade e a fome tarda mais para chegar.

No caso das verduras, frutas e tubérculos, um ponto importante para se levar em conta é a forma de preparação. O ideal é que se prefira ingerir estes alimentos refogados, grelhados ou cozidos no vapor, o que diminui a perda de seus nutrientes, e para que não sejam acrescentadas gorduras não necessárias.

Proteínas

As proteínas são moléculas formadas por aminoácidos. Elas fazem parte da membrana celular de todos os tecidos e células do corpo e possuem diversas funções, tais como: de reposição de tecidos, de defesa através dos anticorpos, de catalisação (aceleração) das reações químicas, pois formam as enzimas; de reposição do nitrogênio gasto pelo organismo; de transporte de fluídos etc. Devemos consumir de 10% a 15% de proteínas na composição de nossas refeições diárias. Nesse grupo estão carnes, aves, peixes, ovos, castanhas, derivados de leite, leguminosas (feijão, lentilha, ervilha, grão de bico, entre outros) etc.

Aos pacientes com HCV que não tenham cirrose, recomenda-se a ingestão de 1 a 1,5 g de proteína por quilograma de peso ideal para que a regeneração das células do fígado seja satisfatória. Ressalto, novamente, que o indivíduo deve preferir as preparações grelhadas, cozidas e assadas, evitando frituras.

Gorduras

As gorduras formam um grupo heterogêneo, pois existem vários tipos. São muito importantes para o bom funcionamento do organismo. Elas auxiliam o transporte de vitaminas que são solúveis somente em gorduras (vitaminas lipossolúveis A, E, B12 e D), são fonte de energia para o organismo, nos aquecem no frio e protegem nossos órgãos. Os fosfolípides, por exemplo, são gorduras componentes das membranas plasmáticas de todas as células do corpo. Já o tecido adiposo, formado por adipócitos, células de gordura, é constituído principalmente por triacilgliceróis. Este tecido é importante para aquecer o corpo, proteger os órgãos de traumas, e fornecer energia em situações de extrema falta de alimentação. Outras gorduras, como o colesterol, participam da síntese de substâncias importantes, como dos hormônios. Ele é precursor de hormônios como o estrógeno e a progesterona e é constituinte da bile, fluído responsável pela emulsificação das gorduras no processo de digestão.

Por todas as suas funções, a gordura deve estar presente em nossa alimentação. Deve preencher de 25% a 30% das necessidades calóricas dos indivíduos, mas precisa ser escolhida com cuidado, principalmente por portadores de HCV. O segredo é escolher as melhores fontes que existem na natureza e ingeri-las com moderação.

As gorduras saturadas e o colesterol são os mais prejudiciais para o organismo e podem, de um modo geral, ser encontrados em manteigas, queijos gordos, carnes, gema do ovo, maionese, cremes de leite, vísceras e leites gordos. O ideal é ingerir estes alimentos com moderação.

As melhores fontes são as mono e polinsaturadas, como as castanhas (castanha-do-pará, nozes, castanha-de-caju sem sal, amêndoas etc.), peixes de águas frias (salmão, atum, sardinha etc.), óleos, germe de cereais e azeites. Os ômegas 3 e 6 devem fazer parte da dieta, pois são fontes importantes de gorduras essenciais obtidas somente a partir da alimentação, mas apesar disso devem ser ingeridos com moderação e sabedoria, ou seja, sem exageros, pois agregam calorias às refeições. O ômega 3 é encontrado em peixes de águas frias (salmão, atum e sardinha) e em semente de linhaça, ajudam, em especial, a reduzir a inflamação hepática, pois contribuem para a redução das transaminases. O ômega 6 pode ser encontrado principalmente nos óleos vegetais, feitos a partir de milho, girassol etc.

As gorduras denominadas trans, as hidrogenadas, presentes em margarinas, biscoitos, sorvetes, bolachas e tortas, precisam ser controladas. As pessoas, principalmente, os infectados com o HCV, devem preferir alimentos com baixo teor de gorduras trans. Além disso, existem os casos mais delicados, nos quais os portadores já desenvolveram cirrose, ascite (barriga d'água), esteatose (gordura no fígado), Nash, anemia, depressão, hipertensão e/ou diabetes e, portanto, precisam ser avaliados com muito cuidado pelo nutricionista, de maneira individual, para que este determine a possibilidade ou não da ingestão desses alimentos por esses portadores.

Vitaminas/minerais

As vitaminas e os minerais também são muito importantes, pois participam diretamente de processos metabólicos do organismo, regulando enzimas, e auxiliam o metabolismo como um todo, para que este funcione adequadamente, mantendo a homeostase. Eles podem ser obtidos somente por meio de dieta, através da ingestão adequada de frutas, verduras, legumes, leites e derivados, carnes etc. Estes alimentos são ricos em vitaminas e minerais, que em suas formas naturais agem como antioxidantes e atuam contra os radicais livres, compostos tóxicos produzidos por nosso organismo que podem provocar câncer.

O ferro é um mineral que deve ser levado em conta, pois alimentos ricos em ferro (fígado, carnes vermelhas, entre outros) devem ser ingeridos com moderação pelos portadores de hepatite C. Isso porque o fígado participa do metabolismo do ferro e armazena este mineral para manter nossas necessidades metabólicas. Quanto menos sobrecarregarmos este órgão melhor.

Alguns estudos mostraram que portadores de hepatite C com altas concentrações de ferro no fígado têm menor resposta ao tratamento com Interferon e, além disso, o vírus HCV necessita de ferro para se multiplicar.

Líquidos e Sal

A ingestão de líquidos e a redução do consumo de sal, principalmente pelos portadores que desenvolveram ascite, são muito importantes. A ascite é caracterizada pela retenção hídrica na região abdominal e o sal tende a aumentar essa retenção. Já os líquidos auxiliam o bom funcionamento do metabolismo e são essenciais, principalmente, para portadores que estiverem em tratamento. A ingestão de líquidos ajuda a minimizar os efeitos colaterais do medicamento, pois auxiliam na eliminação dos tóxicos produzidos por este.

Álcool

Como o álcool é uma substância tóxica, cabe ao fígado a tarefa de eliminá-lo do organismo. Essa eliminação, no entanto, é lenta. Se a quantidade de bebida ingerida for elevada, o álcool "vai circular" pelo corpo até que o fígado consiga concluir o trabalho. Beber muito e com freqüência pode afetar gravemente o fígado. Se o fígado pudesse falar, com certeza diria: "Álcool? Isso não!". Portanto o álcool deve ser totalmente evitado por portadores de HCV.

A ingestão de bebidas alcoólicas pode levar ao desenvolvimento de cirrose, doença em que o fígado é prejudicado e cicatrizado, perdendo suas funções. Há também o bloqueio do fluxo sanguíneo pelo órgão e a diminuição no processamento de nutrientes, hormônios, toxinas, proteínas, glicose etc. Este quadro agravado pode levar o paciente a óbito pela perda da função hepática.

Nash

Como já foi dito, o portador de HCV precisa tomar muito cuidado com a alimentação e deve evitar frituras, maionese, creme de leite, queijos e leite gordos etc. A gordura ingerida em excesso pode se acumular no fígado provocando a esteatose ou a Nash (Non Alcoholic Steato Hepatitis). Nash é o nome que foi dado a uma nova doença hepática pouco conhecida e já considerada como o maior desafio da saúde pública mundial. Ela não é transmissível e é descrita como uma inflamação do fígado, que pode ser caracterizada pelo acúmulo de gordura no órgão. Não existe relação desse depósito de gordura com as hepatites B ou C. Ela pode ser causada pelo uso de álcool ou tóxicos, por doenças auto-imunes, como diabetes, pelo acúmulo de ferro ou cobre no fígado, o que dificulta a resposta ao tratamento, pelo sedentarismo associado à alimentação inadequada e pela ingestão de agrotóxicos, conservantes, corantes e aditivos através dos alimentos. Podemos observá-la em pessoas com excesso de peso, diabetes do tipo II, colesterol elevado, problemas arteriais, hipertensão ou problemas na tireóide, entre outros. Porém, pode ser encontrada também em indivíduos aparentemente magros, sem outras doenças associadas, o que dificulta muitas vezes o diagnóstico precoce.

No Brasil, 20% a 30% de todas as ultra-sonografias de abdômen total mostram depósitos de gordura no fígado.

Nos EUA, onde a grande maioria da população é obesa, a gordura no fígado é encontrada em quase 50% de todas as ultra-sonografias realizadas.

Esse quadro é preocupante, pois a inflamação das células hepáticas prejudica o funcionamento do fígado. Esse fator pode aumentar o valor das transaminases, acelerando o dano hepático, podendo resultar em cirrose ou fibrose do órgão, o que prejudica a qualidade de vida do indivíduo e facilita a progressão da doença.

A vida moderna, sedentária, com péssimos hábitos alimentares, está favorecendo o surgimento de uma geração de "gordos", fato que acaba de ser constatado pelo IBGE. Será que esse acúmulo de gordura se deve ao excesso de calorias associada ao sedentarismo ou à mudança de hábitos alimentares?

A tecnologia faz com que os produtos se mantenham em condições de consumo por muito mais tempo, aumentando sua vida útil, porém utiliza, para isso, estabilizantes, espessantes, corantes, agrotóxicos, fertilizantes, conservantes, sabores artificiais etc. Além disso, produtos muito processados são menos nutritivos, possuem menor quantidade de fibras e dão sensação de saciedade por menos tempo. A combinação de novas substâncias químicas ingeridas através dos alimentos deve ser obrigatoriamente metabolizada pelo fígado. Isso sobrecarrega esse órgão e com o tempo as células do hepáticas vão se desgastando e inflamando. Por isso, deve-se preferir os alimentos naturais e *in natura*, mas, antes de ingeri-los, é preciso lavá-los bem ou fazer uso de alimentos orgânicos, cultivados sem agrotóxicos e pesticidas.

As mudanças na alimentação, com a alta ingestão de alimentos processados e industrializados, resultam em uma metabolização deficiente pelo fígado, ocasionando depósitos e acúmulo de gordura em todo o organismo. O que podemos observar, então, é um aumento do peso médio da população, causado por hábitos alimentares inadequados.

Os portadores de hepatite C, assim como a população em geral, devem reeducar sua alimentação, buscando, de preferência, o auxílio de um nutricionista. Cada caso deve ser analisado individualmente. O nutricionista deve ter uma atenção muito especial com cada paciente, levando em conta todos os fatores clínicos, antropométricos, bioquímicos e dietéticos envolvidos. A dieta mais indicada é aquela *totalmente* livre de álcool e cigarros e com baixa ingestão de gorduras saturadas e gorduras trans (presentes em margarinas, cremes vegetais, bolachas, biscoitos, salgadinhos etc).

Cuidados na Ingestão de Chás, Suplementos e Medicamentos

Os complexos de vitaminas e minerais, os chás de ervas e os remédios devem ser ingeridos com algumas restrições.

As vitaminas e os minerais em excesso no organismo podem causar intoxicação, trazendo sérios efeitos colaterais em caso de superdosagem. Se você tiver uma alimentação adequada, não precisará de complexos de vitaminas e minerais para complementar suas refeições.

Algumas ervas podem provocar hepatite tóxica ou câncer no fígado, pois podem inflamar as células hepáticas. Este órgão é responsável por filtrar todas as toxinas que entram em nosso organismo e algumas ervas como a babosa, cáscara sagrada e sene contêm compostos que agem no núcleo das células hepáticas podendo provocar sua morte. O confrei, ephedra e valeriana contêm alcalóides que são de difícil metabolização e, dependendo da quantidade e do tempo de uso, podem ficar armazenadas no fígado e provocar a degeneração das células deste órgão.

Os remédios são na sua grande maioria metabolizados no fígado, o que sobrecarrega o órgão, por isso precisam de prescrição médica. Consulte seu médico e seu nutricionista antes de fazer uso de qualquer suplemento, chá e/ou medicamento. Dessa forma, evitará possíveis efeitos colaterais desagradáveis.

Importância do Fígado

O fígado é a maior glândula do corpo humano e é também considerado um órgão muito importante para a manutenção da homeostase (equilíbrio) do organismo. Apenas 10% a 20% do fígado funcional são necessários para a manutenção da vida.

O fígado é formado por hepatócitos – as células hepáticas que cumprem as funções citadas abaixo. É um órgão com grande capacidade de regeneração, mas, após a necrose (morte) de suas células (hepatócitos), torna-se fibroso, porque suas células necrosadas são substituídas por colágeno, e perde suas funções.

Ele é como uma grande e complexa fábrica, capaz de realizar aproximadamente 500 funções diferentes e fundamentais para a vida, tais como:

- ajuda na metabolização de compostos e substâncias para serem ativadas ou para serem excretadas, como uréia, creatinina, proteínas séricas etc.;
- participa da metabolização de carboidratos, lipídios e proteínas;
- tem função de desintoxicação – determinados alimentos e bebidas carregam substâncias tóxicas, possuem impurezas que entram na corrente sanguínea. Ao filtrar o sangue, é trabalho do fígado retirá-las do

sangue. Ele ajuda a eliminá-las do organismo, através das fezes e da urina, tornando-as menos prejudiciais. Se a quantidade de impurezas for alta – o que acontece quando exageramos na ingestão de alguns alimentos e bebidas alcoólicas –, vamos sobrecarregar o fígado e dificultar seu trabalho. Assim, muitas de suas importantes atribuições ficarão prejudicadas;

- tem função de armazenamento – o fígado age como depósito de gorduras e vitaminas. Ele armazena açúcares em forma de glicogênio, que é fonte e reserva de energia. Se o organismo realiza um esforço maior e falta energia, o fígado fornece mais energia ao corpo através da quebra do glicogênio, liberando glicose (fonte primária de energia) no sangue que pode ser usada instantaneamente;
- garante suprimentos extras de energia – assim que a glicose extraída dos alimentos é absorvida, o corpo começa a utilizar a quantidade de que necessita naquele momento. A glicose que sobrou é convertida em glicogênio no fígado e permanece armazenada neste órgão para utilização posterior. Mais tarde, quando o corpo necessita de mais glicose, que é o combustível das células, o fígado primeiro verifica se existe quantidade suficiente, já pronta para mandar para o sangue. Se a resposta for negativa, o glicogênio dos depósitos começa a ser transformado em glicose novamente para ser utilizado.

Para todo movimento que faz, nosso corpo necessita de fonte energética para queimar, uma espécie de gasolina. A glicose (um açúcar) desempenha essa

função, quase sempre junto com moléculas de gordura. Quanto mais intensa a movimentação, maior a queima de glicose. O fígado acompanha 24 horas por dia as necessidades de glicose do corpo e ajuda a manter adequado o nível de glicemia no sangue (taxa de glicose sanguínea). Até quando dormimos existem músculos trabalhando e o aporte energético é necessário para o funcionamento do organismo.
Por causa de suas complexas atribuições, o fígado precisa trabalhar de maneira organizada. A esta enorme fábrica chegam sem parar "veículos" com substâncias para serem transformadas em glicogênio ou para serem metabolizadas. Nos momentos de intensa queima de calorias o trabalho é de retransformação: fazer o glicogênio voltar à condição de glicose.
Para o fígado, os momentos de atividade reduzida são fundamentais, pois é a hora em que ele se organiza e se prepara para as solicitações que chegarão quando acordarmos. Por exemplo, os músculos respiratórios e o coração são muito exigidos ao acordarmos e durante a prática de exercícios físicos, por isso precisam de muita energia para cumprirem suas funções;

- tem funções de produção – ele produz inúmeras proteínas: umas ajudam a criar células sanguíneas, outras carregam gorduras do sangue etc. Além disso, produz a bile, fluido que ajuda na digestão das gorduras no intestino delgado, produz o colesterol endógeno a partir de triglicerídios e gorduras, produz lipoproteínas que transportam gorduras etc. O fígado trabalha dia e noite para produzir um litro de bile por dia, além de outros compostos;

- eliminação – o fígado verifica a quantidade e o tipo das células sanguíneas do organismo, Isso porque é normal que o corpo produza mais células sanguíneas do que precisa. O fígado elimina as células velhas, retirando antes o ferro nelas contido, para permitir seu reaproveitamento pelas células novas.

Cuidados com o Fígado ao Se Alimentar

Diante dessas informações, percebemos que tudo o que comemos, medicamentos que tomamos, tudo o que entra em nosso corpo vai de alguma forma passar pelo fígado. Por isso, devemos tomar muito cuidado com os chás, bebidas, remédios, anticoncepcionais, comidas e suplementos que ingerimos. Não podemos dar trabalho extra para o fígado, sobrecarregando suas funções de maneira irresponsável. As toxinas e as substâncias que entram em nosso corpo serão filtradas por esse órgão e nem sempre lhe farão bem.

Devemos tomar cuidado com todos os medicamentos que passam pelo fígado, chás que podem intoxicá-lo e suplementos que podem sobrecarregar toda a função hepática e renal. Não devemos tomar, nem passar nada na pele ou cabelo, sem consultar o médico, para que ele saiba o que estamos tomando ou usando, mesmo que pareça algo inofensivo.

Os alimentos também podem ser prejudiciais. Preste atenção nos tipos de alimentos que fazem você sentir enjôos ou náuseas, ter problemas com a digestão, ter diarréias, dores de cabeça, ficar amarelo, cansado, irritado etc. Esses alimentos possivelmente estão maltratando e sobrecarregando seu fígado.

Eu já aprendi a reconhecer que meu fígado está sensível e que ele "reclama" sempre que se sente incomodado. Também já identifiquei os alimentos que meu organismo não aceita, pois, ao ingeri-los, sentia náuseas, tinha dificuldades com a digestão, sentia-me irritada, estufada, enfim, não me sentia bem. Com certeza era o meu fígado que estava reclamando. Isso, no entanto, está cada vez mais raro, porque aprendi o que devo e o que não devo comer. Não tomo chás sem consultar o médico e muito menos medicamentos. Sempre que tenho dúvidas em relação à alimentação, procuro pesquisar ou perguntar a um profissional de nutrição. Outro fator importante é a higiene com os alimentos, pois o fígado é sensível a agentes patogênicos, vírus e bactérias. Por isso lave bem os alimentos e se preocupe com a higiene pessoal e das preparações e refeições que você faz.

Para ter um fígado saudável é importante selecionar bem os alimentos que se ingere, verificar as melhores formas de preparação, evitar o fumo e as bebidas alcoólicas, ter higiene e consultar o médico e o nutricionista para esclarecer eventuais dúvidas sobre alimentação, suplementos, chás e medicamentos.

Recomendações Gerais aos Portadores de HCV

Ingerir:

- frutas (abacaxi, laranja, acerola, mamão, banana, limão, tamarindo, entre outras) frescas

2 a 4 porções

1 porção = 1 fruta média (maçã, pera, banana, laranja, fatia de mamão ou melão ou melancia...);

- vegetais (acelga, chicória, alcachofra, alfafa, alho, cebola, entre outros) refogados, assados, grelhados ou cozidos no vapor

  3 a 5 porções

  1 porção = ½ xícara de hortaliças cozidas ou cruas picadas;

- grãos, cereais e pães integrais

  6 a 11 porções

  1 porção = 1 fatia de pão ou ½ de pão francês ou 3 bolachas de água e sal, 1 fatia fina de bolo, 1 panqueca pequena ou 4 colheres de sopa de arroz ou 4 colheres de sopa de cereais ou ½ xícara de macarrão;

- ovos, carnes, frango e peixes cozidos, grelhados ou assados, feijões, leguminosas

  2 a 3 porções

  1 porção = 1 bife pequeno, 1 coxa de frango, ½ xícara de feijão cozido ou 1 ovo;

- leites e derivados desnatados ou integrais

  2 a 3 porções

  1 porção = 1 copo de leite ou iogurte ou 1 fatia de queijo;

- ervas como o boldo-do-chile, alecrim, *Aloé vera*, cardo mariano (Milk Thistle), pariparoba, picão-preto ou branco e equinácia;
- geléias, mel e melado em vez de margarina ou manteiga;
- sal com moderação;

- líquidos à vontade (2 a 3 litros por dia ou até mais);
- chá-preto, mate e café com moderação;
- adoçantes e açúcar com moderação;
- fracionar as refeições (5 a 6 por dia);
- comer em locais calmos e prestando atenção na comida;
- mastigar bem os alimentos;
- praticar exercícios físicos regularmente;
- ter atividades culturais e de lazer;
- confiar em Deus.

Evitar:

- carnes gordas;
- queijos gordos;
- cremes de leite, maionese, molhos à base de gorduras;
- banha de animais;
- frituras;
- salgadinhos, bolachas, biscoitos, margarina (ricos em gorduras trans)
- tudo o que possa provocar enjôo ou desconforto para o organismo;
- doces concentrados;
- sedentarismo;
- estresse;
- pensamentos depressivos.

Saúde Física

A saúde física tem tudo a ver com alimentação e exercícios. A adequação desta se reflete muito na qualidade de vida que o indivíduo tem, pois ajuda na prevenção de novas doenças e o organismo, o sistema imunológico, fica mais forte.

O paciente portador de HCV deve procurar ter um peso ideal, para evitar o acúmulo de gordura no fígado e a progressão da doença. Com o peso ideal, provavelmente, este órgão tem chances maiores de funcionar adequadamente, sem estar sobrecarregado. Isso não pode ser alcançado se não houver o consumo de alimentos adequados e selecionados em quantidades suficientes, junto com a prática de exercícios físicos.

Já vimos no Capítulo 4 que as pessoas mais magras, com menor acúmulo de gordura no fígado, têm maior resposta ao tratamento, além de melhores condições de vida.

Por isso a saúde física tem influência direta no processo de cura e é tão importante para o portador de HCV.

Uma pessoa tem peso considerado normal, quando seu IMC está entre 18,5 e 24,99 (OMS/98). O IMC é calculado pelo peso atual dividido pela altura elevada ao quadrado. Mas este não é o único fator usado para avaliar a saúde física de um indivíduo. As condições clínicas, os exames bioquímicos, as medidas antropométricas e as condições de saneamento básico, de educação, de higiene, entre outros fatores, também influenciam a saúde.

Saúde Psicológica

A saúde psicológica dos portadores de HVC, principalmente aqueles que estão em tratamento, deve ser acompanhada de perto, pois é extremamente delicada e sensível.

O indivíduo com hepatite C deve poder compartilhar as suas dificuldades com amigos, familiares e médicos. O apoio deles é muito importante em todos os momentos. As pessoas que se sentem amadas e amparadas são as que reagem melhor à progressão da doença e ao tratamento.

Existem grupos de apoio espalhados pelo Brasil que podem ser de grande valor para os portadores e familiares. Há a possibilidade de conversar sobre o assunto, trocar idéias, tirar dúvidas, conhecer outras experiências, enfim, perceber que não se está só. No *site* do Grupo Otimismo há uma lista dos grupos de apoio espalhados pelo Brasil.

Os indivíduos com o psicológico fortalecido enfrentam a doença com maior êxito. Os portadores de qualquer doença se sentem enfraquecidos psicologicamente quando existe preconceito, discriminação, indiferença, rejeição, ou qualquer sentimento parecido, por parte de seus familiares e amigos.

A saúde psicológica depende do apoio que o paciente terá antes, durante e após o tratamento, além de sua estrutura familiar e espiritual.

Considerações Finais

Na hepatite C, como em todas as doenças, é mais importante conhecer o tipo de pessoa que está doente, do que conhecer o tipo de doença que ela tem. O médico deve buscar informações, principalmente, sobre as condições físicas, clínicas, psicológicas, emocionais e sociais do paciente. Deve buscar informações com o nutricionista sobre seus hábitos alimentares e hábitos em relação a bebidas, às condições familiares em que vive, sua espiritualidade etc. Essas informações serão extremamente úteis para que o médico tenha uma idéia da pessoa com quem ele está lidando e como essa pessoa reagirá em relação à doença e ao tratamento. Acredito que o paciente com a auto-estima elevada, que tenha hábitos adequados, que seja otimista, que tenha fé em Deus e que tenha boa estrutura familiar e emocional, tenha mais chances de vencer a doença.

Eu tenho estado ótima em todos os sentidos. Acredito que isso se deve ao fato de eu ter Deus ao meu lado, ter meu marido, um companheiro que eu amo e que me ama, uma família que está sempre presente, uma médica muito competente e confiável e, também, porque eu sei o que está acontecendo e o que pode acontecer comigo, tenho informações sobre a doença. Além disso, procuro me alimentar bem, fazer exercícios físicos regularmente, enfim, cuido de minha saúde de todas as maneiras que posso e conheço, pois esses também são fatores que devem ser levados em conta.

Essas são algumas dicas minhas a todos os portadores de hepatite C e a seus familiares. É imprescindível que se busque sempre alcançar equilíbrio entre todos esses fatores para que a vida fique menos pesada ou tensa. Desejo que sua vida possa ser tão maravilhosa quanto a minha tem sido.

Amo vocês e desejo vitória a todos. Deus os abençoe!

Grupo Otimismo

A seguir, transcrevo alguns *e-mails* trocados com Carlos Varaldo, do Grupo Otimismo, para demonstrar a disposição, seriedade, empenho e atenção que o Grupo Otimismo tem com a nossa causa. Carlos Varaldo, um dos líderes e idealizador do Grupo Otimismo, vem lutando por melhorias nos sistemas de saúde, acesso a medicamentos e tratamentos de qualidade, facilidade para fazer exames, pela divulgação da hepatite C à população e, principalmente, tem prestado esclarecimentos sobre a doença a muitas pessoas, que, assim como eu, a descobrem por acaso e não sabem nada sobre ela.

E-mail enviado por mim ao amigo Carlos Varaldo do Grupo Otimismo:

"Carlos,

Já comprei o livro e está sendo ótimo. Muito obrigada pela coragem de compartilhar sua experiência e pela sua luta diária por nossa causa.

Moro em São Paulo e quero participar mais. Gostaria de saber se haverá alguma palestra sua sobre hepatite C em São Paulo.

Fui contaminada na primeira semana de vida, com sangue, no hospital, devido a complicações pós-parto. Hoje tenho 25 anos e descobri no começo deste ano de 2003, por acaso, que tenho hepatite C, genótipo 3a. Talvez comece o tratamento ainda este ano, mas minha médica ainda acha que não há necessidade.

Tenho muitas dúvidas e gostaria de conversar com você. Não sei se é possível, mas, se for, ficaria muito grata.

Mais uma vez, obrigada pelas informações. Você é uma bênção!!!

Natalia"

Resposta do amigo Carlos Varaldo, logo em seguida:

"Natalia,

Dia 27, uma quinta-feira, estarei em São Paulo para uma série de reuniões.

Acho que poderemos nos encontrar para tomar um café e trocar algumas idéias.

Me avise se é possível para você.

Eu estarei na área central, primeiro na Av. Brigadeiro, depois no Hospital das Clínicas e depois no Sírio Libanês. Provavelmente tenha mais um encontro na Chácara Santo Antônio, ainda a confirmar. Um dia bastante agitado, porém, sempre cabe mais um.

Não sei se para você fica perto ou muito contramão.

Me avise.

Até,

Carlos Varaldo
Grupo Otimismo"

E-mail de Natal enviado em 2004 pelo amigo Carlos Varaldo:

"Amanhã é Natal e em nome do Grupo Otimismo desejo a você, junto a sua família, uma feliz comemoração, em paz, com saúde, e principalmente com a esperança de um 2004 muito melhor.

2004 promete ser o grande ano para a hepatite C, tanto em pesquisas, como na divulgação da doença, o que fará com que os governos disponibilizem maiores meios para seu tratamento.

Natalia Assumpção, nunca perca a esperança, eu sou um exemplo vivo de que vale a pena lutar.Em 1995 quando a hepatite C era uma desconhecida quase total, ninguém me dava muita esperança; em 1997 acabei um longo tratamento, experimentando a combinação de Interferon e Ribavirina, com a graça de Deus de ter negativado.Ontem recebi o PCR do sexto ano do final do tratamento, o ultra-sensível TMA da Bayer que detecta somente seis unidades do vírus, e desejo compartilhar minha alegria, como um sinal de esperança, de constatar que a cura realmente existe. O vírus, nestes seis anos foi totalmente eliminado. Este é o motivo de minha dedicação à luta contra a hepatite C, um simples agradecimento à graça da cura.

Para você, especialmente, um bom Natal e um próspero 2004.

Carlos Varaldo
Grupo Otimismo"

Depoimentos

Estas foram pessoas importantíssimas que Deus colocou em meu caminho durante momentos muito difíceis da minha vida. O Dr. Ismar foi o médico, clínico geral, que pediu os primeiros exames, o Dr. Fernando foi o gastroenterologista que fez o diagnóstico, a Dra. Gilda é a hepatologista que me acompanha desde o início e meus pais e meu marido são essenciais em todos os momentos da minha vida.

Depoimento do Dr. Ismar Fontão Carril – Médico Clínico Geral

Suspeitei que a Natalia tinha hepatite por causa da coloração amarelada das palmas de suas mãos e da pele em geral. Quando a vi, achei-a abatida e amarela. Apesar de ser janeiro, achei melhor pedir-lhe que fizesse os exames completos de hemograma, Aids e hepatite. O resultado do teste de hepatite foi suspeito, pois deu alteração nas transaminases (TGO e TGP), as enzimas do fígado estavam elevadas. Resolvi encaminhá-la para o Dr. Fernando Mendes Tavares, Gastroenterologista, para que ele pudesse pedir exames mais específicos para a comprovação ou não da suspeita. Depois fiquei sabendo do diagnóstico de hepatite C e que ela havia sido encaminhada para uma especialista, Dra. Gilda Porta, que estava acompanhando seu caso.

Dr. Ismar Fontão Carril

Depoimento do Dr. Fernando Mendes – Gastroenterologista

Certo dia, atendendo em meu consultório, chamei a próxima paciente. Seu nome: Natalia.

Entrou em meu consultório uma menina-moça que foi encaminhada por outro colega para ser avaliada por mim, na área de gastroenterologia. Conversando com a paciente, a única queixa que me chamou a atenção foi a de suas mãos; elas eram muito amareladas.

Ela trouxe-me exames solicitados pelo colega; com eles, suspeitei que aquela moça tinha alterações laboratoriais que sugeriam uma patologia hepática. Continuando a conversa com ela, fiz várias perguntas para tentar chegar a um diagnóstico, e através dessas perguntas suspeitei de que fosse portadora de hepatite, mesmo ela não possuindo história anterior que levasse para esse diagnóstico, pois hepatite pode ser totalmente assintomática.

Mas, como se sabe, não é preciso ter uma vida promíscua para adquirir uma hepatite.

Solicitei-lhe, naquele dia, exames sorológicos para hepatites.

Passados alguns dias, a Natalia voltou a meu consultório trazendo os exames, e com os anos de experiência como médico, notei em sua face uma apreensão para saber se aqueles exames mostrariam algo de grave. Entregou-me os exames e, ao abri-los, diferentemente do que a maioria das pessoas acha, médico também se abala perante a diagnóstico, eu respirei fundo, tranqüilizei-me ao máximo, pois, mesmo sentindo um aperto no peito, teria que passar tranqüilidade àquela moça para dar-lhe seu diagnóstico: portadora de hepatite C!

Sabia que esse diagnóstico modificaria totalmente a vida daquela moça que se encontrava sentada à minha frente. Conversamos, tentei tranqüilizá-la, explicar-lhe que, mesmo com a doença, poderia se tratar e levar uma vida quase que normal, com algumas restrições, mas com uma qualidade de vida muito boa. Evidentemente, ela ficou chocada, e vi por aqueles olhos escorrerem lágrimas, mas senti força em seu olhar, força esta que ajuda muito no tratamento de qualquer doença.

O próximo passo seria comunicar aos pais a enfermidade da Natalia. Sentaram-se os seus pais e ela à minha frente e através de um diálogo mais franco e cuidadoso possível dei-lhes a notícia e os procedimentos que teriam que ser tomados; vi seus pais ficarem extremamente agitados, com o olhar de sofrimento e ao mesmo tempo de desespero.

Espero ter dado naquele momento o amparo necessário de médico e amigo e ter conseguido o intuito de ajudar aquela menina-moça a superar juntamente com sua família aquele momento difícil por que estavam passando. Qual não foi minha alegria ao ver novamente aquela moça, tocando normalmente sua vida, com força para continuar sua luta e ajudando outras pessoas através de sua experiência.

Continue esta sua luta! Estou muito feliz e orgulhoso por tê-la como paciente e amiga. Conte sempre comigo.

Dr. Fernando M. Tavares

Depoimento Dra. Gilda Porta – Hepatologista

A Natalia veio ao meu consultório em março de 2003 para ouvir uma opinião e tirar algumas dúvidas a respeito da hepatite C. Ela se achava com a pele amarelada e foi ao médico para ver o que era. Este lhe pediu vários exames, inclusive a sorologia para hepatite C. A sua história é que o achado de ser portadora do vírus da hepatite C foi acidental, assim como tem ocorrido com milhares de pessoas pelo Brasil e pelo mundo. Uma parte considerável dos portadores do vírus C não sabe como o adquiriram. Atualmente há mais de 150 milhões de pessoas acometidas por este vírus e grande parte tem lesões irreversíveis no fígado e muitas vezes necessitam de transplante hepático.

Natalia adquiriu o vírus provavelmente ainda no período neonatal, há 25 anos, quando recebeu uma bolsa de plasma porque tinha icterícia do recém-nascido. Ela já fez cirurgia para correção de desvio de septo aos 13 anos, quando quebrou o nariz, mas não recebeu sangue algum, portanto a chance de ter adquirido o vírus nesta época é praticamente impossível. Sua mãe não é portadora do vírus, apesar de já ter feito transfusão e não é grupo de risco, pois não usa drogas, nem fez tatuagem.

Quando chegou ao meu consultório, Natalia não sentia nada, mas estava angustiada por ter descoberto que era portadora do vírus. Apesar da sua angústia, não se deixava abater. Já na primeira consulta relatou que apesar de estar infectada tinha ânimo para fazer tudo, estudar, passear e namorar. Diante desse quadro pedi exames complementares para obter mais informações sobre o quadro clínico e solicitei que retornasse com os resultados. Estes confirmaram ser portadora do vírus da hepatite C (HCV) genótipo 3a, mas os exames da função do fígado estavam normais. Fiquei animada com os resultados dos exames, pois, se tiver que receber tratamento, esse genótipo 3a tem boa resposta frente aos medicamentos. Na época, falei que não era necessário tratar com medicamentos porque aparentava ser somente portadora.

Ela continua vindo ao consultório, sempre otimista, animada com tudo que faz. Permanece com os exames bioquímicos de sangue completamente normais até hoje. Os conceitos de doença em hepatite C, atualmente, se concentram nos achados histológicos do fígado, mais do que somente exames laboratoriais. Assim a tendência atual é de se fazer biópsia em todos os portadores do vírus. Falei com Natalia sobre a possibilidade de fazermos a biópsia e ela se mostrou mais uma vez otimista, sem ter medo do procedimento. Acredito que o ótimo estado geral dela se deva em grande parte a sua luta contra qualquer tipo de dificuldade. Ela nunca se desesperou e sabemos que há sempre uma luz ao fim de cada túnel.

Dra. Gilda Porta – Médica Pediatra/Hepatologista

Depoimento de Ruth Coutinho Assumpção – Minha Mãe

Revelando alguns segredos de mãe

Após uma gravidez maravilhosa, estávamos ansiosos por aquele momento. Bem preparada, alegre e disposta, tive um parto "solta caroço". Dr. José Gentil Monteiro, nosso médico e chefe de uma conceituada maternidade da cidade de São Paulo, quase não teve o prazer de realizar o parto. A Natalia chorou forte, era saudável e perfeitinha. Meu Deus, que presente!

No dia seguinte, com alta, pude ir para casa, porém, segundo o pediatra, a Natalia estava com icterícia e permaneceria no berçário recebendo plasma. Nunca poderia imaginar que o plasma estivesse contaminado. Foram dias de choro, logo apagados com a chegada da minha filha em casa. Ela foi amamentada, teve um saudável desenvolvimento e aos quatro meses estava uma bolinha. Já nos primeiros passos demonstrou ser firme, rápida e decidida. Indo à igreja em companhia de sua avó, aprendeu de cor versículos, salmos e cânticos. Viu e ouviu maravilhas sobre o amor e o poder de Deus Pai e decidiu seguir os passos de Jesus Cristo, obedecer aos princípios bíblicos e fazê-los sua regra de fé e prática.

Muito saudável, sempre gostou de correr, pedalar, nadar, jogar futebol, vôlei e biribol. Contudo, de uns anos para cá, percebemos que estava diferente. Começou a enjoar em passeios de barco, ficar mais suscetível a determinados alimentos, mudança climática e até o seu humor ficou mais delicado. Havia emagrecido muitos quilos!

Após graduar-se em Administração, mesmo com apenas 43 quilos dos 56 quilos que pesava, a Natalia não se intimidou. Foi para a Nova Zelândia completar seus estudos de inglês na terra que sonhava conhecer. Morou por três meses com uma família maravilhosa, com a qual mantém contato até hoje.

Aos meus olhos minha filha parecia frágil, necessitada de carinho, atenção e companhia. Eu queria saber e até mesmo me antecipar às suas necessidades. Desejava ajudá-la, encorajá-la, entendê-la, poupá-la. Queria saber o que estava acontecendo com a saudável Natalia. Por outro lado, havia uma empatia dela para comigo. Ela também olhava para mim da mesma forma e desejava ajudar-me, encorajar-me, entender-me e poupar-me.

Foram muitas idas e vindas a médicos até que o diagnóstico de hepatite C foi confirmado através dos exames. Eu pensei: O que é isso? Como isso aconteceu? O que vou fazer? Existiria solução?

Eu gostaria de tê-la em meu ventre novamente, de poder reescrever a sua história, gostaria de carregá-la no colo e protegê-la, mas nada disso eu poderia fazer. Porém, ela não temeu a má notícia e falou com segurança ao Dr. Fernando Mendes: "Doutor, o senhor ainda vai abrir um exame meu e vai dizer que eu estou curada. Eu creio que o meu Deus me cura!".

Então eu fiz o que podia. Uni a minha fé à de minha filha. Eu tive certeza de que não deveria me preocupar com ela. Deus se preocupa com ela e sabe exatamente o que ela precisa e supre todas as suas necessidades. Deus tem um estoque de orações feitas por sua bisavó Isabel, por sua avó Rute e por mim, sua mãe Ruth.

Decidimos, em família, não contar aos outros o que se passava. Os comentários poderiam gerar outros problemas. Mesmo entre nós, evitamos comentários desnecessários ou tratá-la como uma "doente" ou "coitadinha".

Não negligenciamos a parte médica e procuramos nossos médicos e amigos ligados à área de saúde para nos orientar e aconselhar. Oramos pelos médicos que nos acompanham e confiamos neles. Porém, não nos deixamos dominar pelo diagnóstico e suas complicações. Mantemos a nossa mente, nosso coração, lábios e ouvidos permanentemente em conexão com as boas notícias que temos nas Escrituras Sagradas. O resultado disso é que não faltam motivos para nos alegrar, agradecer a Deus e festejar.

No segundo semestre de 2002, cursando uma cadeira de nutrição na pós-graduação de administração na USP, interessou-se pela ciência da nutrição. Preparou-se em quatro semanas, concorreu e conseguiu a sua vaga em Nutrição na Universidade São Camilo.

Nesse período e preparação para as provas, teve a oportunidade de escrever dois livros em parceria com seu pai e não deixou escapar nenhuma oportunidade. Um deles já atravessou o Oceano Atlântico e chegou a Portugal.

De acordo com exames anteriores, em fevereiro de 2003 iniciaria o tratamento.

Durante essa consulta, a Natalia apresentaria novos exames que direcionariam o tratamento e faria muitas perguntas quanto ao seu futuro. Eu orei antes da consulta: "Senhor confirma através da Dra. Gilda que o Senhor está curando a Natalia e o que tem para a vida dela". Ao abrir os exames, que determinariam ou não o início do tratamento, o rosto da doutora se abriu num sorriso: "Natália, você não precisa de tratamento neste momento. Os seus exames estão ótimos. Você pode namorar, casar, ter filhos, levar vida normal". No meu coração, somente agradeci a Deus pelo Seu recado e milagre! O resultado foi um número bem inferior aos anteriores, e o melhor de tudo isso foi o que aconteceu a seguir. A Natalia namorou, noivou e em 2004 casou-se com o Wueislly, que é o filho que eu não tive. Ele, além de marido que zela pelo bem-estar da Natalia, é provedor do seu lar em todos os aspectos, principalmente no cuidado diário do relacionamento deles com Deus.

Por falar em milagre, eles podem não acontecer como esperamos, mas Deus nos dá sinais de que está operando, como, por exemplo, no caso do PCR, o exame quantitativo do vírus HCV, cujo resultado foi *indetectável*. Apesar de o exame seguinte detectar o vírus, isso já foi um sinal.

Houve uma época em que eu orava pela saúde, escola, professores, amigos, vizinhos e parentes da Natalia. Orava pelo seu presente e futuro, por aquele que seria seu marido e também por sua vida profissional. Já havia orado por tudo, não sabia por que mais orar. Então lia cada um dos cento e setenta e seis versos do Salmo 119 substituindo os pronomes pelo nome da Natalia, como profecias para sua vida. No decorrer dos anos, tenho visto cada verso declarado e recitado se cumprir na sua vida.

Agradeço a Deus pela honra de ser mãe da Natalia, pelo respeito e consideração que tem por nós e nossos conselhos, pelas boas escolhas que tem feito na vida, pelo cuidado que ela tem com o seu corpo e com o seu espírito, que se traduz, acima de tudo, na comunhão íntima que tem com Deus.

Dou graças a Deus por Sua promessa registrada em Isaías 65:23, que diz:

"Não terão filhos para a calamidade, porque são herança bendita do Senhor, eles e os seus filhos".

Ruth Coutinho Mira de Assumpção

Depoimento de Milton Mira de Assumpção Filho – Meu Pai

Como pai que vivenciou todas as etapas anteriores e posteriores ao diagnóstico, hoje estou verdadeiramente tranqüilo e confiante. A união que temos em família nos dá segurança. Quanto à Natalia, quero declarar que minha filha é extremamente corajosa e que me orgulho muito dela. E que me sinto honrado, como editor, em publicar este seu livro.

Estaremos juntos, sempre.

Milton Mira de Assumpção Filho

Depoimento de Wueislly Werutsky – Meu Esposo

Quando vi a Natalia pela primeira vez estávamos na igreja e foi tudo bem rápido. Daquelas apresentações que você só tem tempo de dizer "oi, prazer em conhecer!", dar dois beijinhos e pronto, cada um para o seu lado. Mas esse breve momento foi o suficiente para que ela ficasse em meus pensamentos durante algum tempo. Lembro-me da roupa que ela usava e, se eu fechar os olhos, parece que posso vê-la naquele vestido preto, os olhos brilhando, o cabelo solto, ela estava linda!

Muito antes daquele momento já estava tudo preparado, tudo o que hoje temos e somos, mesmo que o nosso coração não soubesse Deus já nos conhecia e havia feito um para o outro.

Aquele seria apenas o primeiro momento de toda uma história que continuou depois de alguns anos, de algumas tentativas de aproximação e de um pouco de persistência; em fevereiro de 2003 começamos a namorar.

Fazia apenas uma semana que estávamos juntos, eu ainda estava começando a conhecê-la, pois apesar do primeiro encontro ter ocorrido muito antes do namoro, foram poucas as vezes que nos vimos ou conversamos antes de namorar. Era um sábado e fomos caminhar no parque Villa Lobos e depois de algumas voltas sentamos para conversar, pois ela disse que tinha algo importante para me contar.

Ela estava séria, com um olhar um pouco triste e abatido, e então disse que os resultados dos exames que estava fazendo, os quais foram confirmados pelo médico, apresentaram um diagnóstico de hepatite C positivo. Ela então começou a me contar sobre a hepatite C. Eu conhecia um pouco sobre a doença, mas ouvi atentamente tudo o que ela sabia até aquele momento.

Apesar de conhecer a hepatite C, não fiquei abalado com a gravidade da doença, fiquei sim abalado por vê-la passar por algo tão díficil. Mas naquele momento o meu amor por ela já era tão grande que tudo o que eu queria era poder cuidar dela, poder dar as minhas forças a ela quando estivesse fraca, sabia que precisaria muito mais de mim, do meu carinho e da minha atenção e eu estava disposto a dar tudo isso a ela.

Ficamos ali, abraçados por um tempo, eu disse o quanto a amava e que Deus era e é capaz de fazer um milagre nas nossas vidas se tivermos fé. Assim como o ouro é purificado pelo fogo, assim também Deus muitas vezes passa a nossa vida pelo fogo, pelas provações, para provar a nossa fé e para nos fortalecer um pouco mais. Deus nunca nos daria uma provação que não pudéssemos suportar e agora ela não estaria mais sozinha, eu estaria ao lado dela no que fosse preciso.

Depois dessa conversa ficamos mais próximos, mais íntimos, pois estávamos sendo sinceros um com o outro, e isso em um relacionamento é essencial. Foi muito importante não só essa conversa que tivemos, mas todas as outras que se seguiram, sobre os resultados dos exames, o parecer dos médicos e as nossas expectativas e planos com relação ao futuro (noivado, casamento, filhos, enfim, formar uma família). Namoramos durante um ano, noivamos por 4 meses e em julho de 2004 nos casamos.

Hoje, quase um ano e meio após o nosso casamento, ao relembrar esses momentos, fico grato a Deus, pois Ele tem sustentado a Natalia e a mim. Procuramos olhar e focar os nossos pensamentos e ações em Deus, e Ele tem nos respondido e nos tocado de uma maneira tão simples e tão profunda, que nada se compara ao amor que invade os nossos corações. Estou certo de que ainda há muitas alegrias e promessas no caminho que Deus tem para nós. Apesar de vermos apenas uma pequena parte desse caminho, um passo de cada vez, seguimos sabendo que muito daquilo que sonhamos e desejamos está à frente e nos será dado no tempo oportuno, no tempo de Deus, e não no nosso tempo.

Wueislly Werutsky

Fé

Deixei este tema por último por ser o fator mais importante para minha caminhada vitoriosa. Esta pequena palavra tem um grande significado, muito mais profundo e verdadeiro do que podemos imaginar ou dimensionar. Quando fiquei sabendo da hepatite C, minha estrutura física se abalou, mas a minha fé em Deus me manteve forte. Foi isso que me fez olhar adiante e enfrentar o que fosse preciso para vencer essa doença. Pelas minhas próprias forças não seria possível, mas Deus tem me sustentado.

A fé que eu, meu esposo e minha família temos em Deus tornou-nos fortes e exerce papel fundamental em nosso comportamento frente à doença. Pesquisas mostram que pessoas que acreditam em Deus, pensam positivo, são otimistas e têm fé e esperança se recuperam mais rapidamente de doenças e traumas. Esses fatores não evitam que tenhamos medo, ansiedade ou dúvida em alguns momentos, mas a fé em Deus faz com que esses sentimentos sejam minimizados e possam ser controlados.

No início foi muito duro para mim e meus familiares recebermos a notícia de que eu tinha hepatite C. Mas logo nos lembramos de que Deus está no controle de tudo e não ficamos ansiosos em relação ao início do tratamento ou à cura. Um dia, temos certeza, meus exames terão resultado *indetectável*, independentemente de qual seja o meio usado por Deus para nós alcançarmos essa vitória. Deus me fez saudável e me manterá saudável para sempre.

Faço acompanhamento médico – porque Deus deu sabedoria aos médicos – e não me descuido da parte física e da alimentação. Quando me sinto cansada, tento não exceder meus limites e procuro descansar. Apesar de todos esses cuidados, é essencial saber que posso contar com Deus, pois Ele me ama com amor incondicional.

Tudo isso que eu e minha família estamos vivendo é uma oportunidade que estamos tendo para exercitarmos nossa fé em Deus. Em um futuro bem próximo, teremos uma grande vitória para contar, vitória esta que vai alimentar a fé de muitos!

"E sabemos que todas as coisas contribuem juntamente para o bem daqueles que amam a Deus, daqueles que são chamados segundo o seu propósito" – Romanos 8:28.

"Nem olhos viram, nem ouvidos ouviram, nem jamais penetrou em coração humano o que Deus tem preparado para aqueles que o amam." (I Coríntios 2:9)

Leia também

Hepatite C – Eu Venci!
A alegria da cura

Natalia Mira de Assumpção Werutsky

Após passar por um ano de difícil tratamento com Interferon Peguilado e Ribavirina, Natalia conta em seu novo livro *Hepatite C – Eu Venci!* como conviveu e suportou os efeitos colaterais produzidos pelos medicamentos, até os resultados de "não-detectável" obtidos em todos os exames que têm feito desde a quarta semana de tratamento. Natalia inclui um Diário pessoal narrando suas experiências e reações aos efeitos colaterais, seu comportamento emocional e espiritual importantes para manter-se equilibrada e confiante na cura.

O texto é profundo e rico em informações nutricionais úteis para ajudar a suportar os períodos pré, durante e pós-tratamento. Inclui depoimentos importantes do médico e da psicóloga que acompanharam o tratamento e que proporcionam uma visão interdisciplinar de todo o processo até a alegria da cura. Inclui também depoimentos de familiares e amigos que mostram a importância do envolvimento de todos.

O livro é um facho de luz e de esperança para todos os portadores de Hepatite C. Seu objetivo é levar informação consistente e de qualidade aos portadores de HCV, a seus familiares e aos profissionais da saúde para que possam usar este conhecimento como mais um suporte para enfrentar a doença com a atenção e os cuidados que merece.

Contatos da Autora

Natalia Werutsky

CHEF &
NUTRICIONISTA

CRN 22614

www.natalianutri.com

youtube.com/nataliawerutsky

Atendimento nutricional: atendimento@natalianutri.com

Cursos/palestras/personal chef/consultoria/eventos: chef@natalianutri.com

@nataliawerutsky

facebook.com/ChefNataliaWerutsky